见识城邦

更新知识地图　拓展认知边界

讲给大家的中国历史

—08—

新时代的开端

杨 照 – 著

中信出版集团 | 北京

图书在版编目（CIP）数据

讲给大家的中国历史. 8, 新时代的开端 / 杨照著
. -- 北京 : 中信出版社, 2021.1（2024.11重印）
ISBN 978-7-5217-2366-3

Ⅰ. ①讲… Ⅱ. ①杨… Ⅲ. ①中国历史－通俗读物
Ⅳ. ①K209

中国版本图书馆CIP数据核字(2020)第204637号

本书仅限中国大陆地区发行销售

讲给大家的中国历史08：新时代的开端

著　　者：杨　照
出版发行：中信出版集团股份有限公司
（北京市朝阳区东三环北路27号嘉铭中心　邮编　100020）
承 印 者：北京通州皇家印刷厂

开　　本：880mm × 1230mm　1/32　　印　　张：10.75　　字　　数：220千字
版　　次：2021年1月第1版　　印　　次：2024年11月第6次印刷
书　　号：ISBN 978-7-5217-2366-3
定　　价：48.00元

目 录

第二讲　古老中国开始走向近世

第三讲　宋朝的建立和政治改革

第五讲　琴——自娱自乐的雅趣

第六讲　棋——无关胜负的游戏

第八讲　画——抒写个性的墨戏

第九讲　禅宗——见性成佛的修行

第十讲 理学——生命意义的追寻

总　　序

重新认识中国历史

01

钱穆（宾四）先生自学出身，没有学历，没有师承，很长一段时间在小学教书，然而他认真阅读并整理了古书中几乎所有春秋、战国时期的相关史料，写成了《先秦诸子系年》一书。钱穆之所以写这样一本考据大书，很重要的刺激来自名噪一时的《古史辨》。钱穆认为，以顾颉刚为首的这群学者“疑古太过”，戴着先入为主的有色眼镜看中国古代史料，处处寻觅伪造作假的痕迹，没有平心静气、尽量客观地做好查考比对文献的基本功夫。功夫中的功夫、基本中的基本，是弄清楚这些被他们拿来“疑古辨伪”的材料究竟形成于什么时代。他们不愿做、不能做，以至于许多推论必定流于意气、草率，于是钱穆便以一己之力从根做起，竟然达成将大部分史料精确排比到可以“编年”的成就。

很明显，《先秦诸子系年》的成就直接打击了《古史辨》的可信度。当时任职燕京大学，在中国学术界意气风发、引领风骚的顾颉刚读了《先秦诸子系年》，也立刻理解了钱穆的用意。他的反应是什么？他立刻推荐钱穆到广州中山大学教书，还邀请钱穆为《燕京学报》写稿。中山大学钱穆没有去，倒是替《燕京学报》写了《刘向歆父子年谱》，钱穆说：“此文不啻特与颉刚诤议，颉刚不介意，既刊余文，又特推荐余在燕京任教。”

这是个“民国传奇”。里面牵涉那个时代学者对于知识学问的热情执着，也牵涉那个时代学者的真正风范，还牵涉那个时代学院重视学识高于重视学历的开放氛围。没有学历的钱穆在那样的环境中，单靠学问折服了潜在的论敌，得以进入当时的最高学府任教。

这个传奇还有后续。钱穆后来从燕京大学转往北大。“中国通史”是当时政府规定的大学历史系必修课，北大历史系惯常的做法，是让系里每个老师轮流排课，将自己擅长的时代或领域浓缩在几堂课中教授，用这种方式来构成“中国通史”课程。换句话说，大家理所当然地认为“中国通史”就是由古至今不同断代的中国历史接续起来的，顶多再加上一些跨时代的专史。

可是，被派去教授“中国通史”课秦汉一段历史的钱穆，不同意这个做法。他公开对学生表达了质疑：不知道前面的老师说了什么，也不知道后面的老师要说什么，每个老师来给学生片断的知识，怎么可能让学生贯通地理解中国历史？学生被钱穆说服了，也是那个时代的精神。学生认为既然不合理就该要求改，系里也同意既然批评、反对得有道理就该改。

怎么改？那就将“中国通史”整合起来，上学期由钱穆教，下学期则由系里的中古史大学者陈寅恪教。这样很好吧？问了钱穆，钱穆却说不好，而且明白表示，他希望自己一个人教，而且有把握可以自己一个人教。

这是何等狂傲的态度？本来只是个小学教员，靠顾颉刚提拔才破格到北大历史系任职的钱穆，竟然敢排挤数不清精通多少种语言、已经是中古史权威的大学者陈寅恪，自己一个人独揽教“中国通史”的工作。他凭什么？他有资格吗？

至少那个年代的北大历史系觉得钱穆有资格，依从他的意思，让他自己一个人教“中国通史”。钱穆累积了在北大教“中国通史”的经验，后来在抗战中随西南联大避居昆明时，埋首写出了经典史著《国史大纲》。

02

由《国史大纲》的内容及写法回推，我们可以明白钱穆坚持一个人教“中国通史”，以及北大历史系让他教的理由。那不是他狂傲，而是他对于什么是“通史”提出了当时系里其他人没想到的深刻认识。

用原来的方式教的，是“简化版中国历史”，不是“中国通史”。“中国通史”的关键，当然是在“通”字，而这个“通”字显然来自太史公司马迁的“通古今之变”。司马迁的《史记》包纳了两千多年，如此漫长的时间中发生过那么多的事，对于一个史家最大的挑战，不在于如何收集两千多年来留下来的种种资料，而在于如何从庞大的资料中进行有意义的选择，从中选择什么，又放弃什么。

关键在于“有意义”。只是将所有材料排比出来，呈现的势必是偶然的混乱。许多发生过的事，不巧没有留下记录；留下记录可供后世了解的，往往琐碎零散。更重要的是，这些偶然记录下来的人与事，彼此之间有什么关联呢？如果记录是偶然的，人与人、事与事之间也没有什么关联，那为什么要知道过去发生了什么？

史家的根本职责就在于有意识地进行选择，并且排比、串联所选择的史料。最简单、最基本的串联是因果解释，从过去发生的事情中去挖掘、去探索“因为／所以”：前面有了这样的现象，以至于后来有了那样的发展；前面做了这样的决定，以至于后来有了那样的结果。排出“因为／所以”来，历史就不再是一堆混乱的现象与事件，人们阅读历史也就能够借此理解时间变化的法则，学习自然或人事因果的规律。

“通古今之变”，就是要从规模上将历史的因果解释放到最大。之所以需要像《史记》那样从文明初始写到当今现实，是因为这是人类经验的最大值，也就提供了从过往经验中寻找出意义与智慧的最大可能性。我们能从古往今来的漫长时间中找出什么贯通原则或普遍主题呢？或者通过消化漫长时间中的种种记录，我们如何回答那些只有放在历史长河里才能回答的关键问题呢？

这是司马迁最早提出的“通古今之变”理想，应该也是钱穆先生坚持一个人从头到尾教“中国通史”的根本精神价值来源。“通史”之“通”在于建立一个有意义的观点，帮助学生、读者从中国历史中看出一些特殊的贯通变化。这是众多可能观点中的一个，借由历史的叙述与分析能够尽量表达清楚，因而也必然是“一家之言”。不一样的人研究历史会看到、突显不同的重点，提出不同的解释。如果是不同时代、不同主题就换不同人从不同观点来讲，那么追求一贯“通古今之变”的理想与精神就无处着落了。

03

这也是我明显不自量力一个人讲述、写作一部中国历史的勇气来源。我要说的，是我所见到的中国历史，从接近无穷多的历史材料中，有意识、有原则地选择出其中一部分，讲述如何认识中国历史的一个故事。我说的，只是众多中国历史可能说法中的一个，有我如此述说、如此建立“通古今之变”因果模式的道理。

一言以蔽之，这个道理是“重新认识”。通过学校教育、普遍阅读或大众传媒，一些读者对中国历史有了一些基本常识和刻板印象。我试图做的，是邀请这样的读者来“重新认识”中国历史，来检验一下你以为的中国历史和事实史料及史学研究所呈现的，有多大的差距。

在选择中国历史叙述重点时，我会优先考虑那些史料或史学研究上扎实可信，却和一般常识、刻板印象不相合甚至相违背的部分。这个立场所根据的，是过去百年来，“新史学”、西方史学诸方法被引进并运用到研究中国历史中所累积的丰富成果。但很奇怪也很不幸的是，这些精彩、有趣、突破性的历史知识与看法，却迟迟没有进入教育体系，没有进入一般人的历史常识中，以至于21世纪的大部分人对中国历史的认识，竟然还依循一百多年前流通的传统说法。“重新认识”的一个目的，就是用这些新发现、新研究成果修正、挑战、取代传统旧说法。

“重新认识”的另一个目的，是回到“为什么学历史”的态度问题上，提供不同的思考。学历史到底在学什么？是学一大堆人名、地名、年代，背诵下来用于考试时答题？这样的历史知识一来在互联网上随时都能查到，二来和我们的现实生活有什么关联？还是学用现代想法改编的古装历史故事、历史戏剧？这样的历史，固然有现实联结，方便我们投射感情入戏，然而对于我们了解过去、体会不同时代的特殊性，有什么帮助呢？

在这套书中，我的一贯信念是学历史最重要的不是学What——历史上发生了什么，而是要探究How和Why——去了解这些事是如何发生的，为什么会发生。没有What当然无从解释How和Why，历史不可能离开事实叙述而只存在理论，然而历史也不可以、不应该只停留在事实叙述上。只叙述事实，不解释如何与为什么，无论将事实说得多么生动，也无助于我们从历史认识人的行为多样性以及个体或集体行为逻辑。

借由述说漫长的中国历史，借由同时探究历史中的如何与为什么，我希望一方面能帮助读者梳理、思考当下的文明、社会是如何形成的，一方面能让读者确切感受到中国文明内在的多元样貌。在时间之流里，中国绝对不是单一不变的，中国人、中国社会、中国文明曾经有过太多不一样的面貌。这些历史上曾经存在的种种面貌，加起来才是中国。在没有如实认识中国历史的丰富变化之前，先别将任何关于中国的看法及说法视为理所当然。

04

这是一套一边说中国历史，一边解释历史知识如何可能的书。我的用心是希望读者不要只是被动地接受这些信息，将其当作斩钉截铁的事实，而是能够在阅读中去好奇、去思考：我们怎么能知道过去发生了什么，又如何去评断该相信什么、怀疑什么？历史知识的来历常常和历史本身同样曲折复杂，甚至更加曲折复杂。

这套书一共分成 13 册，能够成书的最主要原因是台湾“敏隆讲堂”和“趋势讲堂”让我两度完整地讲授中国通史课程，每一次课程前后横跨五个年头。换句话说，从 2007 年第一讲算起，我花了超过十年的时间。在十年备课及授课过程中，我的大部分时间都用于消化关于中国历史的研究的各种论文及专著，并努力吸收这些研究的发现与论点，尽量有机地编组进我的历史叙述与讨论中。明白地说，我将自己的角色设定为一个勤劳、忠实、不轻信、不妥协的二手研究整合者，而不是进入原始材料提出独特成果的人。只有放弃自己的原创研究冲动，虚心地站在前辈及同辈学者的庞大学术基础上，才有可能处理中国通史题材，才能找出一点点“通”的心得。

这套书有将近两百万字的篇幅，时间范围涵盖从新石器时代到辛亥革命。这样一套书，一定不可避免地夹杂了许多错误。我只能期望将单纯知识事实上的“硬伤”降到最低，至于论理与解释带有疑义的部分就当作“抛砖引玉”，请专家读者不吝提出指正意见，得以将中国历史的认识推到更广且更深的境界。

第一讲

从武将落幕到文人登台

01

我们应该持怎样的史观？

在这套书的总序中，我提到钱穆先生坚持一个人教中国通史的理由与信念，从而以教学讲义为基础，写成了经典的《国史大纲》。如书名标示的那样，这本书采用了条列的“大纲”形式，没有太多的详细推断说明，重点在于书中明确示范了一种新的历史教学态度：教历史不应该堆砌史实，而是要呈现历史变化的趋势，并阐释历史变化的意义。

正因为对于历史变化趋势的阐释没有客观标准，不可能有统一的答案，史学家才面临挑战并须承担相应的责任。每位史学家必须提出自己的看法，也就是要有自己的史观。钱穆那一代的史学工作者向我们证明了一件事：不能也不应该沿袭现成的、固定的观点来讲历史，必须诚实认真地回到史料，依照你所处理的史料寻找出所需的解释方式与架构，那就是史观。史观很重要，只有将史料以特定观点选择消化过，才成为史学。

这也就是为什么在我当学生的时代，大学里“中国通史”课程理所当然都由一位老师从头教到尾。然而大部分的老师并不了解如此授课的用意及困难，他们所教的历史缺乏观点，只是堆积了大量史实，其中有些甚至是留下来的传统说法，未曾经过严格的检验。很不幸，那个时代虽然所有的大学生都必须上一年的“中国通史”课程，却很少有人会因此对中国历史感兴趣，也很少人因此对中国历史有深刻的认识与理解，反而给很多人从此留下了历史很无聊，中国历史与自己和现实没有任何关联的印象。

援引钱穆先生作为我讲通史的典范，重点在于凸显观点与解释，但绝对不表示我有和钱穆先生一样的史学储备。钱穆一辈子浸淫在第一手的传统史料中，博闻强记，通过大量阅读、比对，从中得出了原创性的结论。早年的《先秦诸子系年》是钱穆通读了现存所有的先秦史料，经过细密比对，将春秋战国的人与事以编年的形式排比出严谨的先后顺序，一方面建立在当时流行的“疑古”考据基础上，另一方面屏除了“疑古派”将古史都当作伪造的偏激态度，等于是冷静地梳理零乱战场，开辟了大家可以理性讨论的相对纯净的空间。

我没有钱先生的这种功力，我能做并且擅长做的，是认真阅读并消化《先秦诸子系年》，和其他各家的说法进行比对判断。虽然我大致通读过中国的主要传统经典，但我的中国历史知识主要建构在这些现代的研究成果上。我读过司马光的《资治通鉴》，读过王夫之的《读通鉴论》，可是没读完《续资治通鉴》《明通鉴》。我对宋代、明代历史的了解，毋宁说更受到我的老师林瑞翰、梁庚尧、徐泓等人的启发、影响。

因而我写的这套通史建立在两项阅读假设上：第一是假设读者对于中国历史有基本的认识，知道汉朝和三国之间的关系，知道汉武帝是谁，知道中国文学史上的主要作家等等；第二是假设读者并不熟悉从民国以来对于中国历史的种种研究结果，不知道原来有那么多看待中国历史的不同角度、不同方法。在这两个假设基础上有了这套书的写法，不多说基本史实，尽量避开大家熟悉和视为理所当然的传统看法，融会贯通地介绍近百年来中国史学界的突破性成果。这里说的“中国史学界”包括了民国时期在大陆的史家，1949 年之后到台湾、海外的史家，中华人民共和国成立后依循马克思唯物主义进行研究的史家，也包括使用非中文写作的日本、美国、欧洲汉学家们，尽可能平等、尊重地看待他们在中国历史研究上的成绩，不轻率质疑批判。

02

明代王阳明心学兴起的新解释

容我举个和中国近世史相关的突破性研究的例子。过去讲宋代、明代历史一定会讲理学，也就一定会讲到“程朱”“陆王”之争，而钱穆先生的大弟子余英时最近借由整理研究北宋的政治环境，对于明代王学兴起提出了新的解释。

传统上将“程朱”“陆王”视为理学内部之争，是理学内部的两个派别。“程朱”强调功夫，看重知识学问的累积，认为这和渐进的修养是一致的；“陆王”却强调回到“本心”，最重要的是发现自身原本就具备的“良知”“良能”，认为这样的修养和知识学问并没有必然的关系。

清楚的历史变化事实是：“程朱”在宋代是主流，然而明朝中叶以后，“陆王”大盛，取代“程朱”成为主流。但为什么会有这样的变化？尤其是如何解释为什么王阳明在明代思想史上产生如此巨大的影响？

王阳明生平最重要的思想事件是“龙场悟道”，包括《传习录》在内的众多文献都记录了王阳明在龙场悟及之道，那就是所谓“格物”不应该是向外求取事物的道理，而是转向自我内心去体会良知，也就是“致良知”的修养功夫。王阳明至此以《孟子》的“良知”观念重新定义《大学》中“格物致知”的含义，他主张“致知”就是“致良知”，而不是去学习累积外在的知识，甚至主张积极求取学问是走错了路，反而会妨碍我们认识“本心”，获得真正的内在道德体会。

不过，这样的思想突破为什么是在荒僻的贵州龙场形成的呢？余英时认为这就不只要考察王阳明的政治活动，还要将他的行为与所得到的结果放置在更广大的近世文人与朝廷关系变化上来理解。

王阳明因为替戴铣说情，得罪了当权的刘瑾，受到廷杖的惩罚，在朝廷上公然被打得死去活来，然后又被流放到远离中原、被视为魑魅魍魉之地的龙场。他当然受到了重大的刺激，大到迫使他不得不思考士人与“道”——他原本视为理所当然的信仰与理想之间的关系。

过去他依随着程朱从宋代留传下来的理念，认定士人的必然政治角色就是和皇帝共治天下。士人凭借其知识、见地与智慧服务皇帝，并且通过为皇帝提供的服务来实践“道”。然而现实是，这样的情况在明朝改变了。宋代是真正尊重文人士人，宋朝皇帝会郑重其事地宣告：本朝没有杀过一个士人，以此为朝廷关键的政治合法性基础。但明朝皇帝哪是这样？到了明朝，应该连要找一个从来不杀士人的皇帝都很难！而且不只杀士人，还公开侮辱士人，动不动就施以廷杖，刚开始穿着裤子打，后来甚至脱了裤子打，真正朝死里打。这是明朝对待士人的态度。

余英时整理相关史料，重新解释王阳明的“龙场之悟”，其中最核心、最具突破性的，其实是政治信念的逆转，他决定“放弃皇帝”，不再以通过皇帝为必然、唯一的实践之道。“龙场之悟”悟在宁可走向民间，“致良知”之说意谓没有知识、没有学问的人一样可以行道。王阳明放弃了原本士人和皇帝合作的期待，不再以皇帝为自我行道的前提条件。他转而相信并选择应该说服更多人来进行圣人修养，让满街都是圣人，那么天下当然就太平了。以前那一套靠圣君来行道和追求太平的观念，至此在他心中土崩瓦解了。

余英时用这种方式为传统上视为思想与哲学内部的争议增添了丰富的外部理由。除此之外，同样以王阳明为对象，余英时也从另一个方向深化了我们对于中国思想史的认识。传统上将清中叶大盛的考据学单纯看作清朝高压统治的结果，不许汉人自由思想、自由讨论，兴文字狱控制文人，以至于文人不能和不敢讲义理之学，只好纷纷逃入考据里，因为考据与价值信仰无关，可以不受限制，更可以不被文字狱威吓。

但余英时同样凭借着对于史料的认真研读，告诉我们这个变化不是那么简单发生的。在政治局势影响之外，还牵涉到理学内部的思想争议，甚至牵涉到中国传统思想的基本个性。王阳明挑战“程朱”所说的“格物”，但他不能单纯说“我认为”“我相信”“我主张”。依循中国传统知识系统的习惯，他必须找到陆象山为其权威来历，再从陆象山上溯孟子，最终一定要找到和儒学绝对权威——孔子之间的联系。

王阳明宣称自己的主张来自孔子，但“程朱”也宣称他们承袭孔子的教诲，此亦一孔子，彼亦一孔子，但孔子怎么可以有两个？谁的孔子比较可信、比较有道理呢？那就得回到孔子、孟子留下来的文献上去检验，如此产生了儒学内部进行详密考据的强大动机。在创造考据学大盛的历史现象上，这个动机至少和清朝政治压迫同等重要。

03

士商是何时合二为一的?

同样关系到近世历史特性，余英时还研究过“士商互动”的现象。利用中华人民共和国成立以后依照马克思唯物主义而来的“资本主义萌芽期”讨论挖掘出的大批史料，他注意到宋代以下商人地位的变动。基本方向是商人地位不断提升，而且商人和士人之间的互动愈来愈密切。虽然表面上还是维持“士农工商”的顺序，但实际在社会上商人已经超越了农民和工人，其地位仅次于士人。不只如此，很多商人出身士人家庭，是所谓的“儒商”，还有很多士人放弃了科举生涯，转行从商，是“儒商”的另一个来源。

为什么会这样？一个重要原因是人口的增长，社会上有资格参加考试的人愈来愈多，相应地考取的概率就不断下降。要靠考试取得功名愈来愈难，更进一步，要靠考试做官来维持家业不衰也愈来愈难。在激烈的竞争情况下，参加考试要耗费很长的时间，花三十年才考上进士是很正常的，每产生一个进士，过程中还不知有多少人穷尽同样三十年都一直是老童生。那么试问，熬到能中进士，这个过程需要的资源要从哪里来呢？

如果家里不能长期提供这些资源，借由士人地位与成就来维持家业的机会也就消失了。逐渐地，社会上自然形成了以家族为单位结合士商的“赢的策略”。家里当然要培养会读书能考试的子弟，但除了这些朝仕途艰难前进的子弟外，其他人就去经商。经商获利可以提供准备漫长科举所需的资源，无后顾之忧的士子考取机会提高，又可以给予家族光是财富无法换来的地位。如此有士有商密切结合的家庭，整体的社会成就很明显超越了只从商或只仕进的家庭。

这是“近世史”出现的特殊现象，意味着那是在宋代之前没有的。作为一个历史断代概念，“近世”指的是从宋朝成立到大约 19 世纪中叶西方势力进入中国前这一段时间。这段时间的中国政治、社会、文化，和前面的“中古”有了很明显的差异。

从三个方面最能清楚地看出“近世”和“中古”的不同，第一是独特的文人文化，第二是商业的勃兴，第三是发达的都市环境与都市生活，而这三项“近世元素”又是彼此相互关联的。

文人、商业、都市都不是到这段时期才出现的，却在这段时期有了突破性的新发展。简单地以都市为例，之前的中国“城市”是“城中有市”，但市场的商业买卖并不是围起城墙的主要动机。过去以城墙围起来的人群聚集空间，主要考虑的是安全，是行政管理的中心功能。因而中古的城市往往墙中有墙，围出特殊的市场空间，只准许在那个空间进行商业行为。近世的城市不再有这样的限制，城中到处都可以开设商店，不只是商店的数量大为增加，商业买卖的范围也扩张了，从事商业买卖、和商业买卖有关的人口当然也随之大幅增加。

从这三项近世特性也更能看出1840年之后产生的激烈变化。19世纪中叶兴起了像上海这样前所未见的通商城市，原本的小渔村被卷入新的帝国主义条约架构中，快速变身为商业资本中心，又进一步发展出新型的工业资本。原本占据传统社会中心位置的文人文化，也在这个时期快速变质。随着帝国主义对中国的侵夺，过去最能代表中国的文人文化也就理所当然成了中国积弱不振的头号原因，先是欧洲人从原本启蒙主义时期的崇拜态度转为轻视，接着中国人之间也掀起了对文人文化的强烈批判，引发了长远的、愈来愈极端的“反传统”现代观念。

撑起近世中国社会的三大支柱都改变倾颓了，历史也就明显进入了完全不同的另一个时代。

04

琴棋书画不只是琴棋书画

近世历史中的文人文化与科举和儒学有很密切的关系。文人文化的基本价值来自儒学，可以说其头脑是儒家的。不过这个头脑里的儒家，和孔子、孟子的原始儒家不一样，也和从魏晋南北朝延续到唐朝主要以“礼”为核心的经学不一样。那是受到佛教挑战冲击，因而在宋代特别发展出来的“理学”，其道德实践的一面承袭孔子、孟子，然而其扩大的形而上学、本体论乃至论理的逻辑则来自佛教。

最特别的是文人文化不只有头脑，还有由此延伸的全面生活方式。那样的生活方式，更是之前中古时期绝对未曾有过甚至难以想象的。

1999 年，响应当时即将到来的新世纪和千禧年，美国的《纽约时报》做了一个大型专辑，找了多位历史学家请他们回答：“如果可以选择，在过去的一千年中，你希望自己活在哪个时代、什么地方？”问到了耶鲁大学的史景迁教授，他的答案是“十六世纪的明代中国”。

那是史景迁认为整个一千年世界史中最美好的生活环境。这当然不是任意选的，史景迁之所以做出这样的判断，最主要的理由就是由文人文化衍化创造出来的生活，在那里有一种独特的中国气质，不只表现在文人的生活中，而且塑造了一套生活的理想，或者说理想的生活。

文人文化的传统分类是“琴棋书画”。但当他们说“琴”时，指的当然不只是具体的琴或琴所演奏出来的音乐。以“琴”来代表音乐，就是为了凸显那不是一种演奏的技术，背后牵涉到更复杂的音乐与人之间的关系。和其他乐器的最大不同之处在于，“琴”不是属于专业匠师的。文人弹琴，重点不在表现熟练乃至困难的技巧，毋宁保有业余的生涩，为表现自己、为体会声音的本质而弹奏。

“棋”指的是围棋，那也不是单纯的娱乐或对弈竞争。围棋最特别之处就在其高度的抽象性。只有黑白两种棋子，只有横竖交错的直线，那么简单的形式，却能产生近乎无穷的变化。因而围棋就取得了高度的象征意义，连带地下围棋成了一种接近“道”、接近抽象真理的体验。

类似的抽象精神也贯彻在书法中。书法的线条和围棋一样抽象，一样只以白纸和黑墨的简单结合来表现，不过书法比围棋多了字的意义。如何适当安排那些简单却又变化无穷的点线笔画，使其不只呈现出空间的美感，更进一步和文字的意义相配合，有其轻重浓淡，是书法的内在精深追求。

绘画比书法更具象，但近世中国绘画的主流是“文人画”，重视的不是如何画得像，甚至也不是如何画得美。画得像、画得美，那是工匠的本事，而之所以要由文人来画，那就要表现出一种主观的意境，将客观具体的形象经过改造，用来反映主观的超越现实的领悟。没有这种领悟，那就只是“画”，不是合格的“文人画”。

05

“五代”是五个朝代吗？

传统的朝代史架构中，从唐朝到宋朝，中间有古怪、尴尬的“五代”。首先，“五代”该算成五个朝代，还是总合起来当作一段时期？从一个角度看，梁、唐、晋、汉、周的确是前后相续的政权，每个政权有不同姓的人当皇帝，符合朝代的基本定义。但换另一个角度看，由朱温建立的后梁于公元 907 年形成，后周则在公元 960 年被赵匡胤所灭，五个朝代加在一起总共只延续了五十几年。而且五个朝代的名称通通都是沿用历史上曾经有过的，以至于后来提及都必须给这些名称加上“后”字，成了“后梁”“后唐”“后晋”“后汉”“后周”，才不会产生混淆误会。这样的朝代也太小型，接近儿戏吧！

“五代”很难被认真当作五个朝代看待还有一个理由：细分下

来，“后梁”存在十七年，“后唐”十四年，这是时间相对较长的两个政权，再有“后晋”十一年，“后周”十年。那么最短的“后汉”呢？两个皇帝，一共只存在了四年！

四年也能叫一个“朝代”？为什么这四年值得被特别记录在历史上，占据一个朝代的名额？只因为如此短暂存在的政权，短暂到根本不可能有任何特殊建树与长远影响的政权，在历史上就必须给这四年特别的地位，和漫长时间中数不清的其他四年区别开来？我们能不质疑这样的历史观点吗？

当然过去很早就有人质疑了，所以在传统观念中多增加了一个名词，叫“五代十国”，来统称这个时代。不过加入了“十国”，只会让朝代观念更难有说服力。之所以会有“十国”，是因为“五代”所建立的政权，其势力基本上都不及南方，“十国”中除了“北汉”之外，其余九国都在南方。而且这“十国”每一个存在的时间都长过“五代”。“五代”中最长的也不过就十七年，但“十国”中最短命的“前蜀”都有十九年，最久的“吴越”更是长达七十二年，就连出了有名的亡国之君李后主的南唐，都存在了三十九年。

那么问题来了，为什么我们将梁、唐、晋、汉、周视为朝代，而将这些同时存在的政权排除在外？今天被称为“十国”的这些政权，他们也都自视为一个朝代，很多也都抱着想要扩张统一的态度，从时间、疆域甚至汉族中心角度看，他们作为朝代的资格都不逊于梁、唐、晋、汉、周，那为什么不是倒过来，以存在最久的吴越或最后一直到公元 979 年才灭亡的北汉为朝代，而把梁、唐、晋、汉、周看作短暂兴灭的“国”呢？

“五代十国”观念上的混乱真正说明，那个时代的变化与形态并不是依循朝代的方式进行的。后世为了方便整合历史叙述的模式，硬是将中央统一的朝代观套在这个特殊的时代上，造成了许多不必要的误解，也使得我们看错了历史的重点。

当作朝代史来看，我们会将重点放在朱温、李存勖、石敬瑭等人身上，叙述他们如何建国，他们的子孙又如何亡国。但认真想想，叙述这些军事或政治的故事，真的重要吗？我们为什么需要仔细知道一个前后才四年的朝代如何建立又如何灭亡？

06

为什么“十国”比“五代”更长？

可以换一种眼光来看这段时期，离开朝代的框架，联系之前唐朝的藩镇，我们或许能将历史上发生的变化看得比较清楚一点。从安史之乱后，经过唐德宗、唐宪宗的几度改革，勉强维持了唐朝的中央政府，不过两件事持续进行着，并没有停下来。

一是中央官制所及的区域不断缩小，愈来愈多地方被划归为藩镇势力范围，也就是实质上不再听命于中央的独立王国，只保持表面对唐朝的效忠。藩镇和中央的冲突始终不断，藩镇要更多的独立权，中央要限缩藩镇的独立性，而冲突一旦表面化，所导致的结果是朝廷赢少输多，于是藩镇就愈来愈大，愈来愈强。即使是唐宪宗时，朝廷一度收回了部分的权力，但仍然无法真正扭转长远的趋势。

第二项变化趋势是这段时间武力和武人愈来愈重要。藩镇本来就是军事单位，逐渐扩大为为了达到军事目的而获有军民政统合权力的单位，再进一步成了独立中心。藩镇的领导者大部分是武人，靠着能打仗统兵取得了权力与地位，接着也必须靠保有武力、增强武力来抗衡朝廷并扩张势力。

所谓的“五代十国”，其实就是藩镇发展的更高阶段。到这个阶段，唐朝中央政权彻底瓦解消失了，这是大变化。梁、唐、晋、汉、周不是真的能继承唐朝，取得重建中央的实力，毋宁是这些藩镇扩大后几个最主要的中心。基本架构仍然是藩镇割据，“五代”不过是控有中原地区的新一代藩镇力量。

从朝代史的角度看，控有中原就取得了特殊的朝代地位，好像就是最重要的。但从藩镇变化上看，尤其从藩镇发展的角度看，这恐怕和事实不符。藩镇靠武力相争，过程中造成经济压力，受限于生产条件，北方的情况不可能比得过南方。这就是为什么南方的“十国”存在时间超过北方的“五代”。

事实是中原地区已经不足以支撑好几个藩镇，经济生产上的困难迫使这个地区只能有一个统合的势力，而即便统合势力好不容易形成了，也还要面对其他藩镇的挑战，所以会有那么快速的更迭替换。这五十多年中，真实情况是中央政权无法维持，也就是说根本一直没有能够确立站稳的朝代，那不是五个朝代，也不是五个短命朝代加起来构成的时期，而是藩镇割据代替了中央政权的特殊状况。

“五代”的说法让我们误以为朝代还在，于是就看不清藩镇割据带来的严重分裂，也就忽略了从中唐以来武人握有愈来愈大政治权力的性质。武人治国才是这个时代最特殊的现象，在过去的中国历史上几乎从未见过，也形成了后来宋朝从建立到维系必须解决的最大问题。

07

到处认爹的时代

这五六十年是中国历史上少见的大混乱局面，甚至比南北朝的分裂更混乱。南北朝没有统一的政权，但不论是北方或南方，门第都构成了社会的骨干，对政权产生了极大的制约作用。门第最初在汉末形成，然后经历了三国、两晋，再到南北朝，朝代政权分分合合不断改变，但就连异族入侵都没有完全摧毁门第的力量。如果不是靠崔家的协助合作，北魏不可能成功转化，也不可能成为北方最大的强权。在南方，从东晋开始，每个朝廷都必须争取王家、谢家还有陆家等门第的力量，甚至必须看他们的脸色来运作政治权力。这是使得中国经历长期分裂，毕竟还能统一的潜在因素。

对照之下，唐代将士族力量收拾了，当然不可能再依靠门第在社会上抵挡武人与战争带来的破坏。并不是说这个时期的战争比以前更激烈更可怕，而是战争在社会上留下的破坏更普遍更深刻。举个例子来说，连年混战使得军队失序，不只是逃兵现象极为普遍，而且在路上遇到的别支军队究竟是友是敌都很难确认。于是产生了一种特殊的做法——在士兵脸上刺青，以便确定他属于谁的军队。

这个现象显示了当时军队混乱无序的程度，以至于必须将他们的部队归属与身份刺在脸上；另外也显示那个时代的社会动乱程度，有那么多流离失所的人，即便面对如此可怕严苛的条件，竟还愿意从军。一支军队得以用这种方式防止逃兵并且提供标识区别，很快地其他军队也就会仿效，到最后甚至成了普遍的风气，只要是士兵、武人，脸上就都有这种刺青。

武人身上带着无法永恒消除而且很难掩藏的标记，连带给中国社会带来了根本的变化。第一项影响是中国家庭有着根深蒂固对于武人的歧视，于是这些脸上有刺青的武人就很难得到正常的娶妻机会。这些被排除在正常婚嫁社会运作外的人，他们自然地会动用身上具备的武力来破坏原有的家庭结构。“五代”时期特殊的习俗是“抢婚”，这并不是出于哪个男人爱上特定的女人而得不到人家的青睐便诉诸武力，而是几乎所有脸上刺了青的男人如果想要结婚，都只能采取这样非传统的且对既有社会习俗带有高度破坏性的方式。

刺青现象点出了这个时代严重的忠诚危机，其他人与人之间的互相信任都失效了，才会动用如此粗暴的方式来维持军队内部所需的效忠。关于这点我们还是应该从唐朝中叶一路看下来，看到当时流行的“养子制”。那个时代的“养子”可不是两三岁抱养来的，而主要是流行在武人之间的一种关系约束。年纪较长的武将从行伍中找到赏识的年轻人，便以认养子的形式来建立彼此间更紧密的关系，确保年轻部属的效忠。

李克用、李存勖都有养子身份，其实那表示他们年轻时受到赏识，是人家的重要部将。为什么要特别将重要部将收为养子？就是要借用传统的家庭纽带来增强武人之间的忠诚度，希望养子对养父可以有儿子对父亲那样的敬畏与顺从。不过在军队里养子风气普遍了，到处都是养子，不只是相对来说养子不那么重要了，更糟的是产生了连带破坏传统家庭关系的副作用。读“五代”的相关史料，会发现很多儿子背叛父亲甚至杀害父亲的记录，这里面当然大多数是养子和养父的关系，但也不乏有发生在亲生儿子和亲生父亲之间的。换言之，养子不可能真正敬畏与顺从养父，尤其在军队的环境中，和养子有能力才会被挑中的情况下，影响所及，这个时代一般父子的关系也被破坏了。

08

一妻多夫的乱象

“五代”是一段过渡时期，幸好是短暂的过渡时期，因为此时中国社会最基础的元素受到了严峻的挑战与威胁。中国社会基础中的基础是家族制度，是从周代封建体系一路不断传承下来的。封建的政治像是坚硬的外壳，然而赋予这套制度生命的，是内在柔软的家族人伦。每个人在家族中有一个位子，同时也就有了可以依赖的固定行为准则，人与人之间的敌意与摩擦可以借此大幅降低，社会秩序也有了深入到个人日常生活的支撑。

然而“五代”发生了许多宋代之后不可想象的破坏家族人伦的行为，例如再婚甚至重婚，同时保有两个婚姻关系，不只男人如此，女人也有。很有名也很有代表性的是刘氏的故事，她的第一任丈夫是尚让。尚让曾经担任过黄巢建国之后的宰相。黄巢兵败，刘氏在徐州沦落青楼，被一个藩镇武将时溥劫走，就跟在时溥身边。然后她遇到梁太祖朱温，成为朱温的宠妾，一度号称“国夫人”。然而当朱温为了奖赏大臣敬翔，就以刘氏为礼物送了过去。

刘氏被送给敬翔，却常常进宫不回家，和朱温牵扯不清。有一次敬翔生气骂了刘氏，没想到刘氏反而将自己跟过的男人从尚让开始一一点数，不客气地问敬翔：“和这些人相比，你觉得你比得过吗？”敬翔竟因此而向刘氏道歉。

后世史书特别记录这段故事，因为从他们的角度看，这样的行为和言论太荒唐了。当然真正荒唐的不是刘氏，而是那个时代，中国的传统家庭制度竟然被武人武将破坏到这种程度。

“五代”的历史记录中有许多和男女情欲有关的夸张情节，显现了这段时期给后世留下的最强烈印象，也是后世对这段时期形成的批判意见。

“闽”的开国皇帝是王审知，他的儿子是王延翰，和许多当时的帝王一样，史书中特别凸显了王延翰好色。他从民间选了许多美女入宫，这不是什么稀奇的事，稀奇的是，有一年这些获选入宫的女人竟然集体死去了八十四个。怎么会这样？因为王延翰的正妻崔氏施了各种手法，将这些可能会激发皇帝性欲的女人一一除掉了。

从通史的角度而不是断代角度看，我们看到的是这个裂解的时代，武人统治产生了好几个政权中心，每天上演着这种违背、破坏传统社会伦常的荒淫闹剧。这是唐代藩镇割据状况的进一步恶化，进一步偏离了中国文明延续上千年的基本方向。

09

文人终于熬出了头

“五代”之后出现了赵匡胤所建立的宋朝，其历史意义不只是重新恢复了统一的中央政权。更重要、更关键也更深刻长远的，是赵匡胤清楚在统治上要面对的根本问题——必须彻底终止连绵超过百年的武人治国局面，才能阻止武人争斗带来的乱象，开始修复被伤害破坏的社会纽带。不从根本上如此处理，绝对不可能有长治久安的朝廷。

赵匡胤自觉地要结束这段空前的分裂与混乱，从而留下了最有名的“杯酒释兵权”的故事。故事真正的意义不在赵匡胤的手腕，应该看和应该问的是，就算这些将领为了保全生命在酒宴中同意交出兵权，为什么他们如此容易地就同意离开原本的军事权力位置？这不是赵匡胤的手腕所能做到的，更不是他的权谋所能解释的。替赵匡胤“杯酒释兵权”大戏铺设好舞台的，是长久以来愈来愈难维持的武力结构，就连其中握有兵权的人都对这样的生活感到不安，也不相信这样的地位可以安稳维系。他们很愿意信任赵匡胤并接受用兵权来交换安稳舒适的生活，远离这种环境。

宋朝的重要政策都是反“五代”的。宋代“重文轻武”的政策，明显是对于“五代”乱象一种“矫枉必过正”心态下的产物。从晚唐到“五代”，文人的地位与作用降到了历史上的最低点。中央朝廷及其官僚体系，也包括相关的法律规范，都成了具文，失去实质作用，构成官僚体系的文人当然也就无从发挥作用了。科举仍然行礼如仪考出进士来，但这些进士现在能做什么呢?

冯延巳成了“五代”文人的代表，传统上背负了几百年的骂名。而他所代表的，正是文人失去政治功能后的遭遇。在武力至上的环境中，统治者并不需要文人，文人只能扮演表面的角色，不重要到帝王甚至不在意他们是否忠诚。文人做的就是一些表面的文辞，不在政府管理的结构中，甚至政府管理结构也都瓦解了，剩下因应各地状况的非系统性作为。

赵匡胤最重要的历史贡献之一在于抬高文人的地位，不只是回复到武人治国前，而是比唐朝原来的状况更高。从宋太祖到宋太宗，他们确立了“与士共治天下”的政治意识形态，将相当大一部分的权力让渡出来和士人共享，所以才会有近世文人文化的复兴与突破。

在复兴了的文人文化中，家族伦常如此重要。在后世被大为嘲讽、攻击的思想，例如认真讨论嫂嫂落水小叔应不应该伸手去救，“饿死事小，失节事大”的主张，其实都是对应“五代”昏聩淫乱而来的。就连南北朝外族大举入侵时，中国社会价值核心都不曾遭到如此严重的威胁破坏，“五代”的昏聩刺激了宋代这些重新取得影响力的士人，必须念兹在兹强调伦常约束，将这样的想法推到极端。

从这样的角度，我们一方面看到“五代”和唐朝藩镇间的紧密联系，另一方面也可以借由“五代”的状况理解宋朝的政治与思想风气来源。

第二讲

古老中国开始走向近世

01

贵族制度的崩溃与人民的相对自由

日本史学家内藤虎次郎，号湖南，出生于1866年，在明治维新时期自学起家，后来从家乡到了京都，在杂志社当记者，开始对中国历史产生很大的兴趣，搜罗了能找到的各种书籍，一边工作一边进行研究，到四十岁左右成了日本有名的“东洋史”专家。“东洋学”“东洋史”是传统日本对中国知识学问的总称。内藤湖南对中国史所下的功夫，既深厚又广博，为他博得了“四库全书化身”的称号。

他不只读了很多中国书，还曾多次到中国访问，会见了包括罗振玉在内的近代中国学者，很多人都对他留下了深刻印象。因为缺乏正式学历，内藤湖南一直到四十一岁才进入京都大学担任东洋史教授，然而在此后的二三十年间，他成功地构建了影响力极大的新兴“京都学派”，与原本占据主流的“东京学派”分庭抗礼。

日本历史上自从德川幕府掌权后，就有了关东与关西的对峙。京都是关西的中心，是传统帝都，天皇所在之处；相对地，东京当时称江户，是德川家的势力基础，也是政治实权的所在。现代化过程中，又有东京帝国大学和京都帝国大学先后成立，两所大学也就继承了原有的东西对峙，在许多学门都有立场极为不同的“东京学派”和“京都学派”，彼此激烈竞争，甚至互相敌视。

“京都学派”兴起之前，东洋史的学者如白鸟库吉、那珂通世等人，他们以一种保守、传统的态度接受中国的国学知识，讲究像中国人一样阅读、累积中国学问，视之为“正统”。东京大学位于首都，而且担负着培育帝国精英官僚分子的责任，理所当然追求“正统”；对应东大的“正统”，京都大学往往自觉地选择扮演挑战“正统”、批判“正统”，在“正统”之外另辟道路的角色。

内藤湖南就成功地在东洋史领域找到了新的研究道路。1922年他发表了一篇文章，标题是“唐宋时代概观”，文章不长，总共不过5500字左右，却引起了极大的反响。

这篇文章的主要论点是：中国历史在由唐到宋这段时期发生了巨大的变化。第一个大变化是贵族制度的崩溃。从晋到唐，皇帝必须得到贵族的支持才能掌握政权。贵族占据中央位置，一头控制人民，一头牵制皇帝，唯有通过贵族，皇帝才能有效行使统治权。这段历史时期中，没有真正的平民，大部分人没有人身自由，依附在贵族拥有的土地上，其生产与生息都仰赖贵族。皇帝无法直接统治这样的人民，他实际上能做的只是和贵族协商，作为贵族的共主，由贵族统领人民。

唐朝朝廷相当程度上有效压制了贵族，但真正的结果是使得皇帝成了最大的贵族地主，也就是说朝廷统治人民的方式仍然维持着高度的贵族制特性。人民依旧是依附在土地上，没有生产与人身自由，是佃农式的存在。

从唐到宋，最大的变化就是贵族由没落而消失了，皇帝及朝廷官僚直接统治人民。一端当然是皇帝权力变大了，没有贵族的牵制，出现了宋代以下的皇帝独裁，皇帝能决定的事愈来愈多，他的主观意志愈来愈重要。不过在另一端，却也因为没有贵族的协助，皇帝及朝廷对于广大土地上的人民的控制相对减弱了，使得人民也能得到比较多的自由。

内藤湖南在文章中特别标示出由唐到宋，中国出现了大量的“自由民”，社会由“自由民”所组构的新情况。人民可以拥有土地，小农加上小地主成了经济与社会的骨干。

02

自由带来的社会巨变

另一项重大变化是社会的上下流动在宋代变得更加活跃。这主要是由科举开放形成的，也和“自由民”的自由密切关联。宋代之后，一个贫农之子，不必然预期自己会一直停留在这个地位。科举之路对他是开放的，没有任何外在力量会因为他的出身而必然阻止他借由读书考试来提升自身与家庭地位。

虽然科举从唐代延续下来，但到了宋代其内在性质与精神却大为改变了。唐代考经学，为一套固定的内容，每一字每一句每一段都有固定的意义，考试时就是将那些固定的意义背下来写出来。然而到了宋代，经书的内容成了知识的基础，让个人予以理解，进行诠释。在唐朝，知识是主，读书考试的人是被动的客；在宋朝，人重新取得了对于知识进行诠释与表达想法的主动权。如此一来，知识趋向于活泼，给其他许多方面都带来冲击。

内藤湖南特别以诗和词为例。唐代流行的是近体诗，绝句和律诗都有很严格的规律，要押韵要对仗，管声音也管意义，管形式也管内容。词却是来自民间，具备高度的歌唱性，从诗到词，意味着文学品味的宽松自由化，建立了一般人民可以接受和欣赏的新标准。这也是和“自由民”出现呼应并行的现象。

在音乐上也有类似的变化。唐之前重视的是“乐”，由乐器所演奏出来的声音；到宋代之后，焦点转移为“歌舞”，人声所唱出来的和人体所展现的动作。前者需要较多的训练培养，后者则是一般人就能领略甚至参与的热闹形式。

在绘画上，原先的金碧山水风格没落了，取而代之的是水墨画。之前使用颜色细致铺陈的画在技巧训练上比较费事，相对地，水墨就既便宜又方便得多。内藤湖南认为这也是因应平民崛起产生的变化。

平民、自由民崛起的背后，是唐宋经济的历史转型。宋代出现了更活跃的货币交易，关键就在于货币摆脱了以贵重金属为材料的限制，有了建立在信用基础上的代替形式。最主要的突破当然是纸钞的运用与流传。货币发达，交易扩张，经济活动也就愈加频繁，循环刺激了货币的进一步广泛流通，为自由民开放了许多过去不存在的行业机会。

新兴行业之一是金融业，牵涉到货币价值的储存与移转。货币刺激下商业贸易范围扩大，也就催生了对于运输业的需求。隋唐建立了一套水路交通基础网络，原本是为了帝国整合统治之需，应付运粮、平乱局面，到了宋代以降，交通网络就发挥了促进商业贸易的作用，培植了前所未见的运输业规模。运输发达又带来运输中继转运点的建设，从而催生了许多新的城镇。这种明显依附于商品运输而产生的商业城镇或运输中枢式的城镇，是唐朝所未见的，却在宋代之后如雨后春笋在中国大地上涌现出来。

03

中国历史新的分期

这样一篇简明扼要的短文，提出了不同的中国史断代。从中国有信史到汉朝末年是“上古”，然后从汉末到西晋，是第一过渡期。过渡期结束后进入了“中古”，那就是从东晋延续到唐末。然后又有了第二过渡期，也就是一般所称的“五代”。“五代”之后则进入了“近世”。虽然很简短，但文章的最大贡献就在于点出了从“中古”到“近世”的时代根本变化，启发了后来的学生与追随者沿着他提示的方向不断发展。

“上古”“中古”“近世”这样的断代大架构，岂不就是西洋历史早已成形的上古—中世纪—近现代（Ancient Medieval Modern）的套用吗？如果是照搬西洋历史断代观念，那有什么了不起？内藤湖南建构“上古”“中古”“近世”断代，还有一项重要的背景，那就是西方研究中国的专业学问——“汉学”到这个时候基本上是不研究中国历史的。

根深蒂固的偏见来自19世纪欧洲历史哲学最大的权威——黑格尔。黑格尔讲述“世界精神”时就特别以“东方”作为对比，“东方”看不到世界精神的开展，不像欧洲的变化，“东方”是长期停滞的状态，换言之，“东方”没有黑格尔历史哲学意涵中的“历史”。

汉学家接触了中国传统历史，加强了黑格尔理论所做的区分。中国人说的历史就是罗列出一个又一个朝代，而每一个朝代看起来都一样。也就是历史不是朝着一个方向变化前进的，而是反复循环的，一直绕圈圈，绕了一个再绕一个。

那要如何研究中国历史？研究中国历史有何意义？于是“汉学”长期以来基本上是以一种“非历史”甚至“反历史”的态度来对待相关中国知识的。放入这个背景，我们理解了，内藤湖南的断代观念其实是很激进的，既不同于中国传统观念，也不同于西方的汉学观念。

首先，中国不是停滞的，中国不只有历史，而且有和西洋同样的那种历史。运用在划分西洋历史的架构，也能运用在中国历史上，中国也有具备方向性的发展与变化。例如，他之所以将“上古”划分到汉末为止，理由是这段时期中国文明的力量持续扩张。从黄土高原渭水流域的一小块地方开始，中国的势力借由武力，更借由文化影响一直不断向外。这样的发展方向到汉末终止进而逆转了，变成外面的胡族势力入侵中国，“以夷变夏”，中国在相当程度上被胡化了。

而“中古”时代也有明确的历史个性。因为外族入侵的冲击，为了自保，在中国文明区域发展出了贵族社会，在贵族社会基础上形成了特殊的皇帝贵族制、贵族国家制，直到唐中叶后贵族社会没落，经过“五代”的混乱过渡，到宋代建立，贵族制消失了，平民社会取而代之。

以此，内藤湖南挑战了西方“汉学”认为中国没有历史的看法。另一方面，也挑战了日本旧有中国学权威如那珂通世、白鸟库吉等人因袭中国传统而来的朝代循环观，认为中国历史就是由一个个朝代递换所组成的。中国有“正史”，每一个朝代留下一部纪传体的记录，传统上认为“正史”加在一起就是完整的历史。而“正史”除了极少数例外，都是以朝代为单位的，一个朝代写一部“正史”，朝代是理所当然的一个独立单位。内藤湖南的“上古”“中古”“近世”都包括了好几个朝代，使得朝代不再是那么重要和基本的单位。

04

唐宋之间的貌合神离

内藤湖南特别凸显唐宋之间的差异，另外还挑战了中国传统历史观里的“夷夏之防”，强调“夷夏之防”就要分辨汉人与非汉人的朝代差异。南北朝为什么以南朝为正统，从“夷夏之防”的眼光看去，就因为北方的北魏、北齐、北周都是胡人建立的朝代，那是外族入侵产生的结果。同样从这种眼光看去，历史的断裂应该发生在宋元之间，汉人的朝代灭亡了，建立起蒙古人的政权。从元朝到明朝，从明朝到清朝，依照同样的标准，也都是大变化，由胡而汉，又由汉而胡。

然而内藤湖南竟然将这四个朝代并在一起当作一个历史时期，意谓着宋元之间、元明之间、明清之间的变化幅度都比不上唐宋之间。如此不只强调了宋朝和唐朝的巨大差异，还在观念上建构了宋朝与元朝的连续性。表面上天翻地覆的宋元政权更替，在经济与社会乃至于文化上，有什么更深层更牢固的相似相续吗？这是一个重大的史学论题。

内藤湖南提出的“唐宋变革论”从不同方向得到了呼应佐证。例如之前提到的陈寅恪经典史著《隋唐制度渊源略论稿》确证了唐朝的制度是从北朝一脉相承而来的，唐朝的政治社会体制和之前的南北朝时期其实并没有那么大的差异，绝对不是断裂的。如此则呼应了内藤湖南的“中古”断代单位观念。

又例如钱锺书编了《宋诗选》，特别指出宋诗对于唐诗并不像一般认为的那样同质继承。如果用唐诗的标准去看宋诗，是看不懂的，或者说是无法准确欣赏的。他指出，在表面上看起来同样的诗这个文类上，唐宋之间其实是不连续的，也就是不能忽略“唐宋变异”。

再例如钱穆讲中国文化史，总是以“辉煌灿烂”来形容宋代以下的文化艺术成就。他也清楚地意识到宋代之后的文化发展，和唐代以前很不一样。不论是思想、文学、绘画、戏剧乃至园林建筑，宋代之后出现了唐代之前绝对无法想象、绝对不可能存在的一些突破性质。

唐宋之间的历史划分，并不是内藤湖南一个人发现并提出的主张。如果不是历史的内在具备这些证据，进入这个历史比较论题中的其他人也都能感受到的话，光靠他一个人的力量，不可能在后来产生那么大的影响力。

第二次世界大战结束后，内藤湖南的论点经过像宫崎市定等弟子发挥得更精确更完整，又被翻译为英文，传入了西方汉学界。于是在 1950 年代就出现了热闹的“内藤论点”或“内藤假说”的讨论。长期下来，这样的断代架构理论也逐渐成了西方中国历史研究领域的常识。

05

科举变得越来越重要

讲通史，我基本上也是沿用内藤湖南的架构，将宋代以下到清中叶，也就是鸦片战争前视为“近世”，鸦片战争之后，中国被迫面对西方排山倒海而来的冲击，是为“近代”或“现代”。

从内藤湖南提出他的看法开始，几十年间“近世史”观念有助于史学家清楚看到原有的贵族制社会如何彻底瓦解，相应地一个具备阶层上下流动高度可能性的自由民社会正在兴起。

何炳棣先生曾经大量搜罗整理近世的会馆、方志、族谱等史料，建构出科举对于这段时期社会流动的影响图像。借由量化的调查，何炳棣对比了科举制度不同时期的作用。虽然科举创设于隋唐，然而在“中古”的社会架构下，科举对于“改变身份”这件事的作用没有那么大。科举一定程度上打破了“世族”和“寒门”

在朝廷任官方面原有的壁垒，却没有像宋代之后，可以让各式各样不同背景的人得以通过科举取得士人身份，将自己的家庭改造为士人阶级成员。

士人身份和科举密切关联，因而如果不能持续从科举上获取功名，原本的官吏、文人、士绅家庭也就会衰落下来。科举不只改变了中国的社会流动，还造成了中国地方在近世的变化。

北宋时曾有过一场大争议，牵涉两个大人物，一边是欧阳修，另一边是司马光。争议之端是因为科举一直有各地方的配额，以便维持各地人才数量均衡。欧阳修提议要废除配额，认为既然是以考试取才，就应该谁考得好，在考试中表现出较高的才能就取谁，追求真正的公平。但司马光坚持要“分路取士”，不同的“路”该有各自的名额，保障各路都有一定数量的人可以考上。

这时已经开始出现南北不均的状况，此后会愈来愈严重。欧阳修感到有问题的是，北方考取的人，在才能上明显不如南方，在南方绝对考不取的人，换成在北方考就考上了。一个人怎么可能在南方不算人才，只要换个地方就成了人才？可司马光在意的却是，如果没有配额保护，朝廷上的北方人大概很快就要绝迹了，都只剩南方人，都由南方人来思考安排政策，可以吗？

争议的结果是司马光赢了，不只是因为他拥有较佳的政治关系与较大的政治势力，更因为一些在考试表现上弱势的地方，无论如何丢不起原本分配到的名额，当然要全力动员阻止欧阳修的改革提议。

06

考不上科举只能去经商

唐代科举的重要性基本上落在政治权力的分配上，牵涉到什么出身的人用什么方式进到朝廷里，分配到什么样的位子。“近世”之后，科举扩大为主宰社会流动、决定地方平衡的巨大力量，也因此光是一点考试或评分的技术不一样，就可以产生截然不同的作用。

宋代开始将考卷“糊名”，让改卷子的考官看不到考生的名字，所以才会出现欧阳修批到苏轼的卷子，看那文理与文气，以为应该是出于自己的学生曾巩之笔，为了避嫌，故意不将他觉得写得最好的这份卷子评为第一。

到了清朝，那就不只要“封卷”“糊名”，而且还要将考生的答卷统一抄写过，杜绝考官通过字迹来辨认考生身份的门路。作为考官，如果在这些防弊手段上出了问题，那是严重到可以杀头的大罪。为什么严格到这种程度？因为社会投注了巨大的资源在科举上，科举的结果不只必然改变一个人的命运，甚至会戏剧性地造成整个家族的崛起或没落。

科举使得中国近世社会识字率大幅提高，而且不只是更多人认得字，最特别的是认识字的人通常都认得很多字。识字的主要动机不是出于日常生活上的方便，而是要让子弟去参加考试求取功名。如果单纯为了便利，那么识字到能算数、能看懂路招、能看懂官府公告就够了。可是中文非表音的特性，使得识字的门槛相对较高，只是要会算数、看路招、看公告，还真不值得耗费这么多的功夫、时间和金钱。但因为有科举的存在，借着科举提供的高度诱惑动机，从而创造出近世社会的特殊现象。

近世社会的高识字率有三重意义。第一，从人口比例上看，有较高比例的人能识字阅读。第二，识字的人分布广泛，不是集中在少数特定的地区。第三，识字的平均程度比较高。受到科举的影响，要让小孩受教育学识字，就不会只期待他们认得几个字就好。认得几个字不能到达能参加科考的程度，那就和不识字没太大差别。这时候的识字门槛特别高，读完“千字文”，认得千把个字，能够读经书，这才叫作识字。绝大部分识字的人都进过学，受过参加科考的基本训练，这是近世的特殊现象，是中古之前没有的。

因应科举而形成的普遍识字率，也就冲击了社会的组构。考科举的目标是要进入国家官僚体系中取得任官资格，然而国家的官僚规模长此以往不可能和人口等比成长。一般承平时代，人口的增加速率一定会高于官僚员额，于是我们看到近世社会识字进学的人愈来愈多，但能够考上科举的人比例相对愈来愈低。

这是个大问题。识字为了进学，进学为了考试，考试为了能考上而摆脱原有的社会地位飞黄腾达，这是一贯的思想。很少人识字只是为了生活，一旦识字进学就不会停留在看懂路招、公告的阶段，而会花更多时间投身在考途上。于是像在明朝，大部分时间整个国家维持有三十万以上的贡生，而每年真正能考取正式进入朝廷体系的，平均只有几百个，很多人一辈子怎么考都等不到金榜题名的那一天。

由此产生了近世史上的另外一个动向，那就是很多人“弃儒入贾”，不得不认清自己没有机会借科考当官了，转而去做生意。科举的高诱惑一直在，一直有更多人挤进进学的团体里来，可是念书考试的出路愈来愈窄，总有一部分人无法一直等下去，必须离开这个拥挤的待业集团。

识字读过书准备过考试的人进入了商业领域，于是对于贸易买卖产生了从量变到质变的影响。首先，商人的地位因此提高了，他们和“士人”之间的差距明显拉近了，很多不成功的士人脱化转型为商人，士人当然不会用以前的态度歧视商人、贬抑商人。

其次，这些识字读过书的人大量进入商业领域，带入了高度的自觉。近世社会的商业领域有了愈来愈清楚甚至愈来愈严格的规矩。要考试，一定得读圣贤书，一定背过很多义利之辨的道理，等到他们转行做买卖，也就生出了一种折中调和的观念，去思考如何“取利以义”，不能只管追求利益，不能不择手段，必须用对的方法来取得利益。如此而浮现了一种具备特殊内涵的商人意识与商人文化，也是中古之前绝对看不到的。

07

“戏文小说”的出现和流行

许多人“弃儒入贾”必然使得商业贸易活动在近世时期更加蓬勃，商业活动不再是本能地利用既有社会机制去进行交易和攫取利益。这些受过教育、过去曾经准备考试的人们，在商业中投注了更多的脑力与知识资源。中国近世商业的发展与变化，因而成了历史学上方兴未艾的重要研究课题。

回头看内藤湖南 1922 年文章中所凸显的“自由民”，其身份与性质值得更进一步认真探究梳理。这些“自由民”的品位为什么会引导文学、艺术发生改变？因为所谓“自由民”的主要组成人员就是这些“弃儒入商”的人，他们受过教育，但原本的教育目标失败了。他们仍然拥有能力，但失去了运用能力的方向，于是转而形成了一股特殊的消费力量。这股力量是刺激近世文化生产的关键因素。

内藤湖南当时是以诗到词当作文学品位转变的例证。现在我们知道还有更贴切更明确的重点，那就是“戏文小说”的出现，进而成为在中国的近世文化中变得非常重要的一种文类。“戏文小说”是混杂的，有来自说书的，有来自戏曲的，还有文人笔下各式各样的改写。

“戏文小说”将原本口头的、表演的内容转化为文字，那些悲欢离合的故事原本为什么采用口头、表演的形式？就是为了让不识字、没有阅读能力的人也能接受。这样的内容转化为文字，意味着出现并存在一批能阅读而且愿意将阅读能力花在看这些故事上的读者，也就是本来为了进学考试而识字，却又离开了考试道路不再只是阅读圣贤书的这群人。

“戏文小说”高度依赖城市生活，里面所描写的大部分是城市背景中发生的事，而且其销售对象也明显集中在城市。缺少了城市生活聚居形式，产生不了娱乐消费中心，“戏文小说”无从崛起。进而到了明朝，这些小说从内容到表现手法，就都清楚反映了这些“弃儒从贾”、受过教育又在城市中受到商业活动浸染的自由民的生活、想象、思想、世界观与价值观。

民国时期以北京大学为中心，因应白话文运动，曾经兴起过一段搜罗传统白话文学史料的热潮。搜罗的成果，有一项特色当时并没有引起特别注意，然而现在放进“近世史”的认知理解中，格外有意思。那就是搜集到白话小说版本最多的两个地方，一个是山西，另一个是安徽。这不正对应上最活跃最有名的“晋商”和

“徽商”了吗？显然这些“戏文小说”主要的阅读群体确实是近世社会的商人阶层。

清朝钱大昕写过一篇极为悲愤的文章，痛斥小说之为害，并主张将小说烧尽，还应该将刻印小说的人抓捕入狱。文章中特别指出，使他如此激动的其中一项理由，就是小说的阅读圈包括了士农工商，不分行业了。由此显现近世时期小说的影响范围在持续扩大，并随着自由民的发展而愈来愈流行。

08

《金瓶梅》诞生的时代意义

在中国近世史的研究讨论上，有一项重要的主题，那就是精英文化与通俗文化间的关系。这也是近世之前不会有、不那么重要的主题。原因是近世之前中国的通俗文化不发达，虽然有庶民生活和依随庶民生活而来的小传统文化，但这样的生活文化没有强烈和明确的表现形式，很少有和精英文化间的互动，更谈不上影响或威胁精英文化。也因为这样，所以小传统、通俗文化的记录很难在精英文化主导的历史记录中留下痕迹，人们无从认识也就更无从讨论了。

但到了近世时期就不同了，钱大昕的悲愤就来自于对通俗文化威胁精英文化的危机感。让他特别忧心的是，就连“士”也都在读小说。在他看来不入流甚至有害的通俗文化竟然渗透进应该继承、代表精英文化的读书人中，让他觉得格外难以忍受。

仔细整理史料就发现，近世史中精英文化和通俗文化互动极为密切。两种文化、两个领域仍然存在着清楚的界限，心理上大家都明白那条线画在哪里。士人非常清楚在自己的文集中该收什么样的文章，不能收什么样的文章。但这却不代表他们就不看不该收不能收的文章，甚至不代表他们不写那种不该收不能收的文章。显然他们很多人都看都写，才会引得钱大昕如此气急败坏。

最醒目的例证是明代出现的经典小说《金瓶梅》。《金瓶梅》虽然套用了一个传统说书的框架，从既有的《水浒传》中挪用了武松、潘金莲的故事作为起头，但其中绝大部分的内容却不可能是在书场中产生的。不只是涉及淫秽的露骨描述无法对公众宣讲，小说中更多家庭生活细节也不符合说书需要的戏剧性。《金瓶梅》确定有一个作者，是有意识的创作。

但关于这位作者，我们只掌握一个“兰陵笑笑生”的笔名，以及许许多多不确定的考证推测。也许是冯梦龙，也许是王世贞。能确定的是作者不愿留下名字，因为他认为这本属于通俗文化的小说，不应该和他从事精英文化、隶属于士人文化圈时大家可以辨认他谈论他的名字牵连在一起。这中间应该有个区隔，这边和那边不能混淆。也就是说当他要编文集时，不会把《金瓶梅》里的文字收录进去；等他去世了，朋友后人要替他写“行状”，为他写“墓志铭”，他也不要人家提到《金瓶梅》。

从相反角度看，重要的是尽管抱持着这种高下之分的态度，这位作者还是花了很多时间、费了很多力气写了《金瓶梅》，显现了士人和通俗文化的密切互动。这个时期刻印《金瓶梅》的书商，也替士人刻印在精英圈流传的诗文集，也会刻印《儒林外史》小说中多次出现的“选本”，也就是帮助人家准备考试用的参考书。而编撰这些“选本”的，当然也是读书人，累积了一些考试经验，但同时又不是官场中人，进了官场就不会去选文赚钱了。所以，编“选本”的多半也是科举的边缘人，和刻印书商共同扮演了精英文化和通俗文化的桥梁。

在这样的文化互动条件下，刺激出中国近世史比之前远为活泼的文化创造力。这个时期的文化不是来自极少数人的创造，而是在相对复杂多元的场域中，由许多不可预期因素、不可规范变化而产生的。

09

士绅代替了贵族

中古时期的贵族到了近世时期消失了，皇帝直接统治人民，而不是皇帝管辖贵族，贵族统治人民，也不像唐朝后期，藩镇统治人民，朝廷只能牵制约束藩镇。近世的政治架构中，居于中间的转而是帝国官僚体制。不过这个官僚体制具备高度的流动性，而且是双重流动性，官僚身份随着科举考试而流动，不会固着在同样的家族，另外按规定官吏不会在自己的家乡当官，在任何一个地方通常也不会待很久。

随着时间推移，平行于帝国正式的官僚体系，产生了地方性的精英阶层，有别于高度流动性，上上下下、来来去去的官僚。这种地方士绅不是东汉累世经学的世家，不是中古的门第贵族，他们具备特殊的士商阶层融合特性。

近世时期科举普及，更多人投身科举，考试命中率不断下降，单纯从比率上看，一个家族要维持连续两三代都出科考中第的子弟来维持官宦地位，都非常困难。这是社会阶层上下流动的主要因素。不过在现实中，近世社会的阶层流动和科举命中率的关联并没有那么直接和密切。实际的流动并没有那么快，不会所有的家族都真正“富贵不过三代”。另外有一股力量降低了社会流动，维持了部分的家族可以富贵超过三代。

这股力量就是地方士绅的形成。值得注意的是，士绅的延续性富贵首先基本局限在地方上。他们活跃、能够发挥影响力的地区不会太大，也不太容易扩张活跃、影响的区域。此外，他们和官僚衙门有着明确的主从关系，绝对不会去挑战官僚的权力，而是自觉地扮演了协助行政管理的角色。这样的特性使得他们和中古的贵族有着本质上的差异。

士绅之所以能抗拒上下流动，长期保有地区性的势力，基本上必须依靠“士”“商”两种身份的互补性混杂，以“商”的物质条件来支持“士”在考试上成功的追求，以“士”能得到的地位来保障“商”的活动不被歧视和边缘化。这种家族中的男孩一般都会进学，然后观察他们表现出的潜力，从中选出几个专攻考试，其他的则带着基本的识字读书能力去做生意。万一几个考试的都没有好的成绩，有商业利益支撑着，家族不至于在一代之间就沉沦瓦解。争取了时间等到下一代，看看能不能培养出在考场成功带来功名地位的子弟。

这样的家族不至于快速没落，但也不会一下子膨胀。不只是这时的科举彻底排除特权上下其手，硬碰硬的情况下谁都没有把握能一直维持政治势力，更重要的是，维系家族的经济基础来自商业利益，而社会对于从商业上得来的财富毕竟仍然抱持着贬抑的态度。这种家族不能放掉商业的这一部分，丢掉了商业，如果举业一两代不成功，家族就完蛋了；然而保持做生意的这一部分，那不管考科举再怎么成功，也都有负面力量将他们的地位往下拉。

于是就形成了微妙的平衡。近世社会没有中古的那种贵族，但也并不是如孙中山批评的那样“一盘散沙”。士绅居中协助，将社会缩合、联结在一起。中国最早的现代社会学家费孝通曾经用英文写过一本专著叫《中国士绅》(*China's Gentry*)，他真正明白了要深入理解中国社会构成与运作，地方士绅是其中的一大关键。

10

由外而内的转变

对于内藤湖南指出的唐宋变化，另外一个重要的补充与扩展，来自刘子健（T.C. Liu）先生的研究。他整理两宋的史料，主张从北宋到南宋，中国文化经历了“由外而内”的变化。他的论点可以扩大来看，沿着他的提示，我们可以清楚看出，唐代明显是外向的文化，到了宋朝就转为内向化，到了南宋显示出强烈的内向性。

举个例子，从中古到近世，佛教由一个出世的宗教转化为入世的宗教。唐朝之前的寺院和贵族庄园紧密相连，寺院的主要支持者是贵族，从贵族那里获得了金钱、人力、土地的捐赠。贵族相信佛教、支持佛教，就将一部分庄园土地捐给佛寺，连带着原本在土地上负责耕种生产的人以及生产成果。所以一来寺院和贵族密切联结，二来很多寺院取得了大量的土地与人口，构成对于朝廷的威胁。

然而宋代以下，贵族消失了，具有独立经济社会基础的寺院也被朝廷收拾了，佛教必须寻找不同的方式才能存在下去。寺院制度的转型过程中，8世纪时的百丈怀海是其中的关键人物。百丈怀海订立了“普请法”，也就是中国本土的戒律，不再援用印度的戒规来管中国的寺院。“普请法”中最有名的一条就是“一日不做，一日不食”，将寺院的经济基础从托钵化缘转为自食其力。这份精神在新的禅宗系统中不断发展，逐渐改变了佛教的根本追求——要求得彼岸的解脱，应该要先尽到此岸的责任。对于人世间的责任不是像印度佛教教导的那样看开并得到智慧后予以摆脱，反而强调解脱必须在世间求取。

由向外向往超越境界，转成内在精神的修持，这是近世中国佛教的变化。类似的变化也同样出现在道教上。这段时期出现了“全真教”“真大教”，他们的共通之处在于：一、不依赖法术；二、提倡清贫，强调劳动。

“全真教”的教义中有一个观念叫“打尘劳”，意思是借由劳动而得到内心的安定。要求得身心安顿，最好的方法是通过世间的劳动。道教在贵族制中也是强调要离世，到社会之外去修炼更高境界的，但在近世的新环境中，都降低了超越解脱的重要性，转而凸显“即世”，在这个既有的世间完成责任，并求取内心安定。

11

“近世史”的内部分期

内藤湖南提出“近世史”的断代概念后，又更细密地讨论了“近世”内部是否应该再有分期。他的看法是将“近世”再分为“前期”（宋元）和“后期”（明清）。这样的前后期划分表示其间主要是程度的差异，而不是性质的差异。内藤湖南认为即使经过了元朝，中国社会的一些基本性质仍然维持着。例如，虽然元朝一度中止了科举，汉人不再能够通过考试取得参政权力与利益，然而一旦科举恢复，伴随着科举的文人文化、社会流动等现象，也就很快卷土重来了。也就是说支持科举的因素在这段时间内只是蛰伏潜藏，并没有被消灭。城市的发展、货币经济的变化、商业的普及，还有文人强烈的自我文化认同等等，这些在元朝并没有中断，甚至有些还获得了进一步的加强。几个陆运或海运的中心城市在元朝之后大幅扩张，城市居民的休闲生活在元代也因为传统道德束缚的松脱而高度发展。

相较于近世前期，近世后期更趋完熟，新出现的几个领域得到了充分发展。例如文人文化及相应的文人意识到明末发展到了顶点，皇帝、朝廷力量对于城市文人生活的介入降至最低。城市里的商业运作也具有高度的自主性，在这方面朝廷从来不曾建立有效的管理制度，而且近世后期的社会自主性比近世前期更高。

所以到了清朝之后，朝廷不得不试图解决社会内部的冲突矛盾，结果却失败了，导致“近世”的终结。对于近世的结束有两种不同的看法，较为流行和占上风的是“外来冲击说”，也就是强调英国引领西方帝国主义势力进入中国带来了决定性的破坏。另外一种看法则强调近世中国所累积的内部问题，最主要的是社会的种种冲突迟迟无法得到解决。阶级冲突、农商利益冲突、信仰冲突，清朝又增加了满汉民族冲突，朝廷找不出方法来处理这些冲突，这样已经深藏内忧的中国当然无力应对外患了。外力并不是使中国社会瓦解的主因，毋宁只是恶化并凸显既有矛盾状况的一股力量罢了。

这两种主张各有重点，也各有其说服力，为我们提供了近世史如何终结的重要参考视野。

第三讲

宋朝的建立和政治改革

01

“黄袍加身”的故事

后周世宗在公元959年去世，临终前考虑到即将继位的儿子（后周恭帝）只有七岁，就做了一番重要的人事调动安排。其中对后世影响最大的，是将原本担任殿前军都指挥使的赵匡胤升为殿前军都点检。

周世宗是一位有野心的皇帝，即位之后不只致力于巩固自身的王朝，还意欲对外扩张，怀抱统一之志。为此他很认真地训练军队，将自己掌握的部队分成两支，一支是侍卫亲军，另一支就是殿前军，殿前军比侍卫亲军人数更少，也更精锐。

依照制度，殿前军都指挥使上面还有一级副都点检，但世宗却让赵匡胤越过了副都点检这一级，直接跳上了都点检的位置。《宋史》记载世宗之所以在临终时选择赵匡胤接任都点检，是因为之前有三件事：

第一件，世宗征淮南时，有一晚赵匡胤的父亲到了赵匡胤带领的军队所驻扎的城下，要求入城，赵匡胤却遵守军令要父亲在城外等到第二天天明。第二件，也是在征淮南时，有人向世宗告密，说赵匡胤带军队进城后搜刮了很多财富。世宗于是派人去突袭检查，却发现赵匡胤私人的箱中放的都是书，没有什么金银财货。第三件，在征南唐时，南唐以三千两白银贿赂带兵的赵匡胤，赵匡胤全数都缴给了世宗的内府。

因为这三件事，世宗特别信任赵匡胤，临终时将自己一手训练的最精良的部队交给他带领，也就是托孤，要他负责保护少主的意思。

然而恭帝刚即位，就传来了镇州、定州告急的消息。司马光《涑水记闻》记录：

建隆元年正月辛丑朔，镇、定奏契丹与北汉合势入寇，太祖时为归德军节度使、殿前都点检，受周恭帝诏，将宿卫诸军御之。癸卯，发师，宿陈桥，将士阴相与谋曰："主上幼弱，未能亲政，今我辈出死力为国家破贼，谁则知之？不若先立点检为天子，然后北征，未晚也。"

才刚开年，镇、定二州传来契丹和北汉联合南下攻击的消息，赵匡胤此时身兼归德军节度使和殿前都点检的职位，接了新皇帝的诏令，带着军队要北上去防御抵抗。两天之后，军队出发了，夜里停驻在陈桥，底下的士兵们互相讨论计划，说："皇帝才七岁那么小，不可能自己掌握权力，现在我们冒着生命危险去为国家抵抗敌人，做了什么，建立了什么功劳，有谁知道呢？"意思是我们怎么能够有把握付出的血汗能得到适当的奖赏呢？新的政局不稳定的情况下，要如何让我们卖死命去打仗呢？"不如先拥立带兵的都检点当皇帝，我们自己立的皇帝，可以保证将来能得到奖赏，再去出兵打仗也不迟！"

"五代"为什么朝代更替那么快？又为什么在"五代"之外还有"十国"？一部分原因就在于当时流行军人拥立天子，这种情形愈来愈普遍，也愈来愈容易，光是为了盘算可以从打仗中得到什么，就可以自己策划立新的天子。

甲辰将旦，将士皆擐甲执兵仗，集于驿门，欢噪突入驿中。太祖尚未起，太宗时为内殿祗候供奉官都知，入白太祖，太祖惊起，出视之。诸将露刃罗立于庭，曰："诸军无主，愿奉太尉为天子。"太祖未及答，或以黄袍加太祖之身，众皆拜于庭下，大呼称万岁，声闻数里。太祖固拒之，众不听，扶太祖上马，拥逼南行。

——《涑水记闻》

第二天早上，元月初四，计划联络好的军官和士兵一起全副武装集合在赵匡胤的营门口，赵匡胤还没起床，将士们就鼓噪着突然冲了进去。将士是全副武装没有通报并得到同意冲进去的，也就是带着胁迫的意味。这时候太宗，也就是当时担任内殿供奉官都知的赵光义，赶紧进去告诉哥哥，赵匡胤这时才匆忙起身，出来面对这突然的情况。

这群人中的代表甚至连刀都拔出来了，说："我们的军队没有真正的领袖，希望拥立你来当皇帝。"赵匡胤还来不及回应，他们就将事先准备好的黄袍，也就是只有皇帝能穿、代表皇帝身份的袍服披盖在他身上，然后大家一起行拜皇帝的礼，大呼"万岁"。因为人很多，又齐声高呼，几里外都听得见。赵匡胤坚持不肯，但他们不管，硬是将他扶上马，大家簇拥着他转往南走。军队本来是要出城去北方打契丹和北汉的联军，现在却转回头往南，也就是朝着都城前进。

太祖度不能免，乃系辔驻马谓将士曰："汝辈自贪富贵，强立我为天子，能从我命则可，不然，我不能为若主也。"众皆下马听命。太祖曰："主上及太后，我平日北面事之，公卿大臣，皆我比肩之人也，汝曹今日毋得辄加不逞。近世帝王初举兵入京城，皆纵兵大掠，谓之'夯市'。汝曹今毋得夯市及犯府库，事定之日当厚赉汝；不然，当诛汝。如此可乎？"众皆曰："诺。"乃整饬队伍而行，入自仁和门，市里皆安堵，无所惊扰，不终日而帝业成焉。

——《涑水记闻》

赵匡胤看这个情势，没办法了，不可能不当皇帝，就拉住马停下脚步，对这些官兵说："唉，你们为了自己贪图奖赏功名，硬是要把我架上天子的位子，那我有条件，你们必须答应，不然我不能当你们的皇帝。”大家就都下马来敬领赵匡胤的条件。

“首先，原来的皇帝、太后，还有其他大臣，你们不能加害他们。其次，近来的惯例，当皇帝的率兵打入京城，都让军队随意劫掠百姓，称之为‘夯市’，我们现在进了城，你们可不准‘夯市’，也不能抢夺官方府库，等到一切平定安稳了，我自然会给你们丰厚的赏赐。谁不遵从我就杀谁。这样可以吗？”大家都说：“可以！”

于是整理好队伍继续前进，从仁和门进城，城里没有任何惊扰，人民生活照常，只花了一天不到的时间，赵匡胤就顺利当上皇帝了。

02

“陈桥兵变”是早有预谋的吗？

这就是流传甚广的“陈桥兵变”“黄袍加身”的故事，后世的种种说法，大致都是改编自司马光的《涑水记闻》。《涑水记闻》是司马光关于宋朝政治上种种传言的笔记。有意思的是关于赵匡胤当皇帝这件事，《涑水记闻》不只记录了“陈桥兵变”和“黄袍加身”。另有一段：

及将北征，京师间喧言：“出军之日，当立点检为天子。”富室或挈家逃匿于外州，独宫中不之知。太祖闻之惧，密以告家人曰：“外间讻讻若此，将如之何？”太祖姊或云即魏氏长公主，面如铁色，方在厨，引面杖逐太祖击之，曰：“大丈夫临大事，可否当自决胸怀，乃来家间恐怖妇女何为耶！”太祖默然而出。

这条说法和上一条有微妙却关键的出入。这条说要出兵北征时，京城里就已经有风声了，传言部队会拥立都点检赵匡胤当天子。一定是言之凿凿，而且流传甚广，以至于京城里的有钱人判断要发生政治上的大动荡了，赶紧携家带眷不只离开京城，还要远远逃躲到外州去，免得被动荡时局牵连伤害。整座城里的人都知道了，就只有宫里的皇帝和他周围的人不知道。

被人家讲成这样，赵匡胤很担心很害怕，回家跟家人商量，问说："唉，外面传言满天飞，到这种程度，该怎么办呢？"这时候赵匡胤的大姊，后来的魏氏长公主正在厨房里忙着，干吗呢？忙着擀面，听到弟弟这样的话，变脸了，生气铁青着脸，直接举着擀面棍打赵匡胤，骂他："你个男子汉遇到了大事，可以做什么不该做什么，自己没有盘算没法决定吗？拿这种事到家里来吓女人家算什么！"赵匡胤被训了，只好摸摸鼻子自讨没趣出门。

原来赵家除了赵匡胤和赵光义之外，还有一位如此凶悍的大姊，另外，如果依照这条记录，那"陈桥兵变"怎么会是一件突如其来、让赵匡胤吓一跳的事呢？他早就听说了啊，甚至整座京城里的人都预先知道要发生这件事了！

基于历史纪实的信念，在《宋史·卷二百四十二》里还有另外一条：

及太祖为群情推戴，及太祖自陈桥返京师，人走报太后曰："点检已作天子。"后曰："吾儿素有大志，今果然。"

“陈桥兵变”之后，“黄袍加身”的赵匡胤回师到京城，有人去报知赵匡胤的母亲杜太后说：“点检当皇帝了！”你看杜太后如何反应，她很镇定地说：“我儿子向来就有大志，今天实现了！”母亲没有惊讶，早有心理准备了。

03

契丹入侵是有人编造的?

还有这一条：

周恭帝之世，有右拾遗、直史馆郑起上宰相范质书，言太祖得众心，不宜使典禁兵。

——《涑水记闻》

恭帝在位时，有一个大臣写了一封信给当时的宰相范质，提醒他赵匡胤很受底下的人爱戴，和他的兵将关系太好了，不应该让他掌管那么重要、那么关键的部队。但是范质没有接受郑起的警告，不过恭帝在位前后不过半年左右，范质大概也来不及有什么动作，就变天了。

苏辙也留了一份笔记，叫《龙川别志》，帮我们补上了后来发生的事：

及世宗晏驾，北边奏契丹入寇。太祖以兵出拒之，行至陈桥，军变，既入城，……时早朝未退而闻乱。质下殿执溥手曰："仓猝遣将，吾侪之罪也。"爪入溥手，几血出。溥无语。既入见太祖，质曰："先帝养太尉如子，今身未冷，奈何如此？"太宗性仁厚，流涕被面。

"陈桥兵变"一大早发生，后周朝廷大臣早朝还没结束就接到了消息。范质走下来找了另一个宰相王溥，拉着他的手说："我们错了！怎么会匆匆忙忙就派赵匡胤带兵去呢？"说的时候心情激动，以至于将王溥抓得太用力了，手几乎被抓出血来。王溥没有反应，说不出话来。等见到赵匡胤，范质就质问他："先帝世宗拿你当儿子般对待，他才刚死不久，尸身都尚未冷透，你怎么做得出这样的事？"听到这话，在旁边的赵光义一时忍不住泪流满面。

所以其实朝廷里也早有人知道会发生这样的事，范质受到了警告却还让赵匡胤带兵，才会产生如此强烈自责的反应。

《涑水记闻》里还有一条：

太祖欲使符彦卿典兵，赵韩王屡谏，以谓彦卿名位已盛，不可复委以兵柄，上不听。……韩王曰："臣托以处分之语有未备者，复留之，惟陛下深思利害，勿为后悔。"上曰："卿苦疑彦卿，何也？朕待彦卿至厚，彦卿能负朕邪？”韩王曰：“陛下何以能负周世宗？”上默然，遂中止。

这是赵匡胤当上皇帝之后的事，他要将兵权交给符彦卿，但他身边一个重要的谋士、大臣赵普却极力反对，理由是符彦卿名气很大，地位也已经很高了，不能够再给他兵权，有名有位如果又有兵，那太危险了。赵匡胤不听。赵普还是苦苦劝谏，让赵匡胤很受不了，就问赵普：“你这样坚持怀疑符彦卿到底是为什么？我对符彦卿那么好，他怎么可能对不起我？”赵普的回应是：“那你又怎么能对不起周世宗呢？”

这真是击中了赵匡胤的痛处，因为他不能否认自己对不起周世宗，明明就是违背了周世宗托孤的遗志，从他的幼子手中抢夺了大位。还不只如此，他也不能否认周世宗对他很好，像待儿子般对待他。他能对不起周世宗，怎么能有自信符彦卿一定不会对不起他？赵匡胤说不出话了，显然被赵普说服了，从此就再也不提要让符彦卿掌兵这件事了。

这些数据清楚显示：首先，“黄袍加身”的事，赵匡胤不是真的完全被动，他知道这项计划，甚至或许还参与了计划。我们看原先之所以出兵，是为了要去北方抵御契丹和北汉联军，但“陈桥兵变”之后，军队调转方向回京城了，那北方的安全怎么办？说也奇怪，赵匡胤当上皇帝，契丹和北汉竟然就退兵了，北方没事了。这不是大有蹊跷吗？契丹和北汉会联军南下就有点稀奇，而且出兵后没有什么收获就又收兵了？

再对照范质那么激动的反应，我们有理由相信，他不只是后悔选错了带兵的指挥官，而且也意识到自己和王溥被骗了。或许他们心中本来就曾有过怀疑，但终究选择了相信北方有大兵难，也就勉强同意冒这么大的风险，必须由赵匡胤统兵来解决。

04

一顿饭就把兵权吃没了

其实不能怪范质误判，无法阻止军队拥立赵匡胤，到这个时候，拥立实在太常见太普遍了。

从唐代开始，最早是士兵选择拥立自己的节度使，抗拒朝廷的派任，或反对朝廷的介入。到了唐末，很多藩镇节度使独立称王称帝，这样的风气也就随之升级到拥立天子了。自己也经历甚至利用了拥立方式的赵匡胤当然很明白，不同的是他身边有像赵普这样的人，甘冒大不韪提醒他：你可以被拥立成为天子，怎么能轻易以为别人就不能也用同样方式成为下一个天子?

如果要坐稳天子大位，要建立长久的王朝，赵匡胤非得解决这个问题不可。后来《续资治通鉴长编》里有这么一段有名的记载：

时石守信、王审琦皆上故人，各典禁卫。普数言于上，请授以他职，上不许。普乘间即言之，上曰："彼等必不吾叛，卿何忧？"普曰："臣亦不忧其叛也，然熟观数人者，皆非统御才，恐不能制伏其下。苟不能制伏其下，则军伍间万一有作孽者，彼临时亦不得自由耳。"

——《续资治通鉴长编》

这又是赵匡胤和赵普的对话，主题和上引的那一条其实是一样的，只是针对的人不同，场景不同。这次针对的是石守信和王审琦，他们是皇帝的老朋友，所以被授以统领禁卫军的责任。赵普好几次去劝皇帝，应该将他们调离掌握重要军权的位子，皇帝不答应。但赵普也不放弃，逮到机会就说。赵普的坚持让皇帝只能理解为赵普怀疑这两个人会拥兵自重伺机叛乱。于是赵匡胤就对赵普说："你到底在怀疑、担心什么，这两个人再怎么样也不可能背叛我！"赵普就回答："我也不担心他们会反叛，但我看这几个人统御能力都很有限，我担心的是，如果他们不能有效地管制底下的将士，军队有事情有活动时，万一出现别有用心的人，他们一时之间恐怕也奈何不了自己要不要啊！"

上悟，于是召守信等饮，酒酣，屏左右谓曰："我非尔曹之力，不得至此，念尔曹之德，无有穷尽。然天子亦大艰难，殊不若为节度使之乐，吾终夕未尝敢安枕而卧也。"守信等皆曰："何故？"上曰："是不难知矣，居此位者谁不欲为之。"守信等顿首曰："陛下何为出此言？今天命已定，谁敢复有异心。”上曰：“不然，汝曹虽无异心，其如麾下之人欲富贵者，一旦以黄袍加汝之身，汝虽欲不为，其可得乎？”

——《续资治通鉴长编》

赵匡胤听懂了，他怎么能不懂呢？那就是在讲他自己的经历嘛，当年谁想得到他会背叛周世宗呢？事实上他一直坚持没有背叛周世宗，那他怎么会当上皇帝？不是他自己想要，是“黄袍加身”被逼的。真的可以安心确定这样的事不会再重演吗？

所以赵匡胤就摆了宴席，找这几个享有特权地位的老朋友相聚，喝到一定程度，将服侍的人都支开，表示要讲体己话了。皇帝对老朋友发牢骚：“没有你们帮忙（参与‘黄袍加身’的行动），我不可能当上皇帝，想到你们，就觉得无尽的感激。但是，当皇帝好难好痛苦啊，还不如原来当节度使来得快乐。自从当了皇帝，日夜都没好好睡过一觉！”

老朋友们当然很惊讶，都问：“怎么会这样？”赵匡胤的回答有意思了，他先说：“你们怎么可能不了解？这太容易知道了嘛！”然后简单明了地解释：“我这个位子谁不想呢？”也就是之所以睡不稳，是因为随时得提防有人抢夺皇帝大位啊！

这不得了了，皇帝的意思是你们明明也会觊觎这个位子，干吗装蒜？他们当然赶紧表示效忠，说：“现在已经不是我们逼你当皇帝的情况了，你就是皇帝，我们谁敢想别的什么呢？”但皇帝要听的可不是这个，他模仿赵普跟他说的道理：“不不不，虽然你们都没有别的想法，但你们底下的人呢？如果他们贪图荣华富贵，有一天拿黄袍套在你身上，你就算不想要，可能吗？”

05

“杯酒释兵权”仅仅是开始

传统上都用“杯酒释兵权”来总括描述这场宴席，然而仔细看接下来的这句话，考虑这个情境，那恐怕不是“杯酒”所能解释的。听了赵匡胤的话，在场的人：

皆顿首涕泣曰：“臣等愚不及此，惟陛下哀矜，指示可生之途。”上曰：“人生如白驹过隙，所谓好富贵者，不过多积金钱，厚自娱乐，使子孙无贫乏耳。尔曹何不释去兵权，出守大藩，择便好田宅市之，为子孙立永远不可动之业，多置歌儿舞女，日饮酒相欢以终其天年。我且与尔曹约为婚姻，君臣之间，两无猜疑，上下相安，不亦善乎！”皆拜谢曰：“陛下念臣等至此，所谓生死而肉骨也。”明日，皆称疾请罢，上喜，所以慰抚赐赉之甚厚。

——《续资治通鉴长编》

他们吓得跪拜流泪，对皇帝说："哎呀，我们太笨了，都没有想到这个，希望陛下同情怜悯我们，指示我们一条活路。"如果皇帝就是摆酒席，他们哪需要当场吓成这样？显然那个情境让他们有理由相信，这是赵匡胤特别布置好的"鸿门宴"，表示自己为了能坐稳皇位，也为了能安心睡好，不能不将这些同样可能被部下"黄袍加身"的老朋友给除掉。他们意识到自己大概没办法活着走出这场酒局了，只好痛哭求饶。

皇帝的回应是："人活着不过那么些年，贪图荣华富贵要的是什么？不过也就多累积一点钱，自己爱怎么花就可以怎么花，而且保障子孙不会贫乏，不是吗？如果追求富贵是这么一回事，那你们现在就可以有富贵了啊！别再领兵了，找个好地方当大官，买田买房子，替子孙奠定长久不会动摇的基业，自己的日子过得好一点，多找一些会唱歌跳舞的美女陪伴，每天欢乐喝酒度日。这样不好吗？我还愿意跟你们结为儿女亲家，多这层关系君臣之间会更融洽，你们不用担心我对付你们，我也不用担心你们或你们的部下算计我，不好吗？"

喔，还好皇帝并不是坚持当场下手杀人，留了一条活路。这几个人当然表达了自己能够死里逃生的深切感激之意，简直就像是让死了的人复活过来，让白骨重新长出肉来啊！赵匡胤也显然确保了他们一定会交出兵权，才会放他们离开。

这是北宋从建立到巩固的一大关键。首先，"杯酒释兵权"可绝对不是君臣敞开来大喝一场，大家都痛哭交心，然后老朋友们就很有义气、心甘情愿交出兵权来。而是赵匡胤精心设计好的生死抉择的恐怖场景，威胁利诱，一边是许诺未来的荣华富贵，另一边是当场血溅五步的暴力，让他们选。其次，赵匡胤不只是要对付这几个人，将兵权收过来，他还制定了非常明确的国家政策，而且很认真有效地付诸施行。

当上皇帝的人，谁不希望总揽兵权呢？但为什么别人做不到，而赵匡胤成功了？因为他有特别的手腕，更重要的是，这时社会上对于“拥立”、对于武人凭借兵权干政乱政乃至对于武人当皇帝治国，已经累积了长期的不满，极度难以忍受了。从中晚唐以降这种状况层出不穷，每况愈下，给人民带来了很大的痛苦。

赵匡胤有足够的远见，也有足够的决心，要整顿这个问题。他将兵权收回来后，整编了一支规模更大的禁卫军，如此拉开了皇帝控有的武力和地方军阀兵力规模间的差距。他就有了足够筹码一一收拾这些地方势力，真正统一中国。

禁军的规模成长到二十万左右，他就恢复了“更戍制”，让一半的军力留在京师，另一半派在外面，所有的禁军进行轮调，经常变动驻戍的地点。这些军队本来都是禁军，都从京师派出去，而且在一个地方不会待很久，不可能成为地方势力。还不只如此，在轮调中又建立了“将不专兵，兵不专将”的原则，一个地方的军事将领所带的部队会不断更动，排除了将领将军队私有化的隐患。

“杯酒释兵权”不只是解除了这些人握有的兵权，而且达到了兵权集中在皇帝手中的效果。

06

崇文抑武的国策

接着赵匡胤做了另外一件更重要的变革，那就是用文人去压制武人。

在原本的“知州”外，加设了一个特别的位子，叫“通判”，同时兼管民事和军事，而“通判”一定是由文人执掌的。也就是说，刻意在地方上让文人可以干预军权。

五代形成士兵黥面的惯例，那本来是为了区别各家私兵，防止逃亡投靠到其他阵营的做法，北宋统一后，军队都属于皇帝、属于朝廷，没有私兵了，却仍然保留了士兵黥面的做法。如此一来黥面的意义就改变了，可以清楚地从外表上显现一个人的武人身份，而且是永久无法抹灭、无法改变的标记。

中国近世社会流传很广的俗谚“好男不当兵、好铁不打丁”，不要选择去当兵啊，因为当兵不是份工作，不是个职务，而是个身份，会有黥面的印记一直留着，不只摆脱不了，而且还藏不起来，人人都看得到，马上就能认出你是个当兵的。

北宋制度最明显的倾向，就是让皇帝与中央朝廷的权力笼罩在原本那些各自拥有兵权的军人头上，让文人压在武人之上。例如建立枢密院，那是军事中心，掌管所有的军事事务，调度所有的军队。然而枢密院是分“两班上朝”的，文人一批，武人一批，区别身份，不准武人混入文人的朝班中。身为武人，不管在外面指挥多大的部队，到了京城、入了朝中，进了枢密院，你就是没有资格和文人并列。文人和武人分开见皇帝，皇帝对文人说的和对武人说的就不需要一致，可以制造分歧让双方去猜忌。

收拾军权、压抑武人的同时，皇权和相权的关系也有了巨大的改变。近世政治体系中，皇帝的权力愈来愈大。唐朝官制区分“官”与“职”，“官”指的是你的品级，“职”是确切负责的事务。到了宋朝，“官”与“职”之外，又多加了一项“差遣”。你是什么层级，是几品，这是“官”；你的编制在哪个部或哪个州，这是“职”；但你真正做什么事，是“差遣”。

《宋史·职官志》说：

宋承唐制，抑又甚焉。三师、三公不常置，宰相不专任三省长官，尚书、门下并列于外，又别置中书禁中，是为政事堂，与枢密对掌大政。天下财赋，内庭诸司，中外筦库，悉隶三司。中书省但掌册文、覆奏、考帐；门下省主乘舆八宝，朝会板位，流外考较，诸司附奏挟名而已。台、省、寺、监，官无定员，无专职，悉皆出入分莅庶务。故三省、六曹、二十四司，类以他官主判，虽有正官，非别敕不治本司事，事之所寄，十亡二三。

在官制上，宋代继承唐代，相较于皇权，将官职的地位压得更低。官职中地位最高的“三师三公”——太师、太傅、太保、太尉、司徒、司空，经常空在那里，理论上统领整个官僚体系的宰相，不再是个专职，同时也就不会是一个人拥有完整的宰相权责，而是分给几个人兼做。

台、省、寺、监——御史台、中书省、尚书省、门下省等几个大的单位，没有固定的员额，没有一定的编缺，也没有一定的职位，可以三十个人，也可以一百个人，说不定也可以三百个人。为什么会这样？因为编在尚书省里的人，做的不是尚书省的事，反过来，做尚书省工作的，常常是编缺不在尚书省。真正的工作是“差遣”，也就是依照需要委派的。

就连主管“三省六曹二十四司”的人，职缺都在别的单位。少数有职缺在尚书省，官职是尚书令，而且就主管尚书省，那是特例，绝非正常，到什么程度呢？他必须另外有敕令表示他的“差遣”是管尚书省才行。做的事情和官职名分相同的，在整个系统中只有两三成。

这种情况钱大昕为我们举例解释得比较清楚。当苏轼担任定州知事时，他的“官”是“朝奉郎”，这是规定他品级的，表示他在“郎”这个等级上，而他的“职”，也就是官僚系统中的编缺归属，是端明殿学士，但他真正做的工作，也就是他的“差遣”，是去管定州。

为什么会这样？那就是官僚体系中的任命充满了不确定性，也就意味着皇帝有很大的空间可以依主观意愿调动。我们看宋代士人的传记，最突出的部分就是他们都经历过好多次升贬调职。一旦通过科举开始当官，就一下子进中央一下子到地方，一下子去这里一下子去那里。宋代文人当官有一个矛盾的情况，一方面一旦当官就几乎保证可以一辈子当官，但另一方面，在官职上的时间很长，必须忍受甚至习惯并做好随时会被调来调去的预期准备。

这样的矛盾源自另一项政治权力安排上的矛盾，那就是宋代皇帝需要抬举文人来压抑武人，解决从唐末以来严重的武人治国或武人乱国的局面；但同时贵族与武人都消失了，皇权愈来愈大，传统的相权，也就是官僚体系无法牵制皇权，皇帝就可以任意调动文人，以此来保证就算尊重文人，也不会有文人威胁皇权的危险。

07

“金匮之盟”与“烛影斧声”

宋太祖即位后，很快进行了这些变革，使宋朝的实力快速增强，陆续征服了荆南、后蜀、南汉、南唐。南唐的最后一任皇帝，就是文学史上享有大名的“李后主”李煜。

然后，公元976年，宋太祖在位十六年后去世，由他的弟弟赵光义继任，就是宋太宗。为什么是由弟弟继位而不是赵匡胤的儿子呢？史书上有两种不同的记录，第一种是《宋史·杜太后传》的说法：

杜太后生了重病，特别叫了赵普来写遗诏，这时皇帝儿子赵匡胤也在。妈妈问儿子：“告诉我，你知道自己到底怎么得到天下的吗？”在母亲病榻边被这样问，赵匡胤给的是客气的标准答案：“唉，我能力那么差，能有今天，都是靠祖先和妈妈的庇荫。”自知将死的妈妈可不要听这种敷衍的话，她说：“你得天下，是因为周世宗留下来的儿子年纪太小了。如果那时候周世宗的儿子不是七岁，而是一个成人，不可能轮到你当皇帝。”

又讲到赵匡胤从后周孤儿寡母手中夺过皇位的旧事了。但杜太后要的是赵匡胤反向记取教训，跟他说：“你从人家七岁皇帝那里抢来，就要确保自己百年之后，人家也不会从你的小孩身上抢走。所以你要将帝位交给弟弟，弟弟那么大个人，有经验有实力，就不会有问题了。”杜太后显然早有安排，故意让赵普在那里当人证，接着叫赵普将这段话写下来，藏在金匮中，也就是等到赵匡胤死了要打开，后人就会知道要由赵光义来继承皇位。

另外一种更戏剧性的说法，是李焘在《续资治通鉴长编》中记录的，有一个特别名称叫“烛影斧声”。赵匡胤病重，找了一个据说有神通的道士张守真来帮忙治病。然而张守真通灵了之后，带回来的却不是什么药方，而是神特别交代：“晋王有仁心。”晋王就是赵光义。

于是就将赵光义找来，进了房间，左右都出去了，只留兄弟二人。夜里房中点着蜡烛，外面只看到模糊的影子，赵光义一下子像是谦让，一下子又做了奇怪的动作，然后赵匡胤用斧柄敲着地板说：“好为之！”意思是你要做你敢做就做吧！然后赵匡胤就死了。“烛影斧声”指向赵光义杀了哥哥，取而代之成为皇帝。

08

宰相权力的削弱

事隔千年，我们无从在这两种说法中定夺是非。不过如果按照《宋史》的记录，那杜太后是有远见的。宋朝开国之后连续两位成熟而且具备丰富政治经验的人当皇帝，产生了极其深远的影响。赵光义长期跟在哥哥身边，很了解赵匡胤的政治考量与制度盘算，因而在他当皇帝时，有效地延续并巩固了由赵匡胤发端的种种改革。

首先是统一的脚步没有因为赵匡胤去世而停下来。征闽南、征吴越，到征服北汉，宋太宗即位五年，中国真正统一了。

其次是在抬高皇权上，太宗和太祖的态度基本一致，持续破坏文官体系原有的制度稳定性，使得皇帝的主观意志得以无所顾忌地介入，导致宋朝官僚系统在这段时间快速膨胀。一方面是要借由考试包纳天下人才，采取了许多手段鼓励人们走上仕途，其中最有效的当然就是增加名额、提高机会。太宗即位时，朝廷文官与武官加起来，规模大概是一万三千人，然而到了第四位皇帝宋仁宗的时候，已经膨胀到四万两千人了。所以仁宗后期不得不处理这个问题，进行大幅裁革。

第三是在安排文武关系上，太宗也忠实地继承了太祖的政策。《续资治通鉴长编》记载太宗说："今之武臣欲尽令读书，贵知为治之道。"连武官都要读书，在一定程度上文官化，向文官看齐。

那么多的文官，还有通过科举制度产生的更多的贡生、进学的人，于是在宋朝就形成了一个特殊的社会层级，在人口中占有愈来愈大的比例，他们是以参与国家政治体系作为人生目标的，因而社会与国家政治运作系统关系也愈来愈密切。相应地，指挥支使官僚体系的人权力也随之水涨船高，节节攀升。过去文官体系的最高管理者、指挥者是宰相，光是文官系统膨胀，宰相的权位相对就愈高了。然而宋朝开国相续的这两位皇帝，用了各种方式裁抑甚至剥夺相权。

一种方式是宰相管理的各单位被分散了。让我们看看"六部"吏、户、礼、兵、刑、工中宰相真正能管的有多少。宰相管吏部，但宋朝多了一个"审官院"，负责考核官员。"审官院"本来主要负责科举的执行运作，但后来就扩张到将通过考试当了官的人的考核也纳进来。这就分掉了吏部的权力。

户部是管财政的，但宋朝设立了"三司院"，将户部纳入，"三司"除了户部之外，还包括度支司管会计进出账，盐铁司管盐铁及其他国营事业，于是原本统管财政的户部，变成只管田赋，即来自土地的收入。当然权力也缩水了。

军队原本由相权底下的兵部管理，这时增加了“枢密院”来统筹调度整个朝廷的兵力，兵部转而只负责管理官僚体系中的武官。另外又设立了“审刑院”，分掉了原属于刑部的审判功能。

名义上宰相统领六部，但宰相管不到“审官院”“三司院”“枢密院”“审刑院”等这些新立的单位，不再是真正的最高行政首长了。

09

再没有人劝谏皇帝了

宰相和皇帝之间的关系也不一样了。从汉朝一直到唐朝，宰相见皇帝，是可以坐下来谈话的。自宋以下，近世史的基本规范变成宰相和百官一起“站班”，站在底下听诏问话答话。还有，以前宰相去见皇帝时，可以带着代拟诏书，先将自己的意见用皇帝的口气写好了，给皇帝看，皇帝同意了就盖章。然而宋代以降，宰相代拟诏书的权力被取消了，行政程序中多了一样东西，叫“札子”，原意是便条，也就是只能草拟报告给皇帝看，皇帝同意了再拿“札子”去拟诏书，多了一道程序。

汉代的相权集中在一个宰相身上，到了唐代宰相变成了好几个，几个人来分相权。宋代宰相也同样是好几个，又多了一个头衔叫“参知政事”，这是副宰相，基本上每个宰相旁边至少有一个

“参知政事”，于是宰相不再是一个官职，反而变成了一个团体，很多人在里面钩心斗角、彼此排挤。官僚体系因而愈弄愈大，各式单位不断分枝增加。

从前宰相之下有“三省”——中书、门下、尚书，这三省原本都在宫中，宰相还能进到宫中指挥这几个单位，到了宋代，门下和尚书两省被从宫里划分出去，宰相也就不能进宫了。宫中剩下“两府”，即中书和枢密院，中书统管所有一般行政事务，枢密院统管所有军事事务，有特别的名称——“对持文武二柄”。这“二府”和皇帝最亲近，也就常常不是宰相能管得到、叫得动的。

传统的朝廷架构中，有两个监察单位，一个是御史台，另一个是谏官。御史台是独立于相权之外的，其责任是协助皇帝监管官员，就连宰相都在御史纠弹的范围内，所以要具备独立地位。谏官呢，则隶属于门下省，属宰相管辖，其职责是劝谏皇帝。谏官通常都选任年轻人，常常跟随在宰相身边去见皇帝，遇到有宰相不方便说的话，就由地位低的谏官“抗颜直谏”。一是官位低，触怒了皇帝要罚他降等也降不到哪里去；二是年纪轻，官途尚未固定，会愿意一赌，如果劝谏皇帝成功就能暴得大名，也有可能因此得到皇帝的注意，有平步青云的机会。话是由谏官说的，皇帝不能将脾气发在宰相身上，用这种方式，宰相得到了一点制衡皇帝的空间。

然而到了宋朝，对谏官进行了重大改革，表面上给了一个冠冕堂皇的理由，要让“谏院独立”，让谏官不再隶属于门下省。“谏院独立”看起来好像是给予谏官更大的权力，实质上是彻底改变、扭曲了谏官的性质。独立之后的谏官要纠正的对象就不再是皇帝，而和御史大夫一样，都是监视官员的，甚至因为“谏”是下对上的态度，于是特别针对宰相。对宰相影响很大，本来可以用来牵制皇帝的帮手不见了，换成是另一个监督自己、限制自己的机制。如此一来，御史台和谏官的功能就重叠了，“台谏不分”，原先存在两个单位的理由消失了。

“台谏不分”双双监督宰相，也就没有人监督劝谏皇帝了，宰相更没有机会挑战皇权了。

10

头脑比四肢更优越

赵匡胤、赵光义两兄弟相继担任皇帝，有效地将过去被军权削弱的皇权从武人手中要了回来，解决了五代的政治遗留问题。在这过程中也就确立了宋朝“重文轻武”的立国精神，意味着这不只是官制、官职上的安排，而是一直渗透到社会底层的价值偏好。

在当时社会，一个人想要提升地位，获得尊重，最基本的做法就是远离军事武力，而且离得愈远愈好。武人的对立面就是文人，所以也就是要努力展现自己具备文人特性，掌握或融入在宋代高度发达的文人文化。

唐朝在官制上抬高文官，但并不歧视武力，不会贬抑骑马射箭的能力，李白还会以“剑侠”自豪，也还会用诗咏“公孙大娘舞剑”。但就因为唐末到五代军人取得了空前的地位与权力，使得宋代“矫枉必过正”，彻底贬低与武勇相关的素质，就连彰显身体力量，到后来甚至光是彰显身体，都被视为是低下粗鄙的。降至 19 世纪和西方接触时，之所以会有“东亚病夫”的形象，其根源就在这项近世史的根本改变上。

从宋朝以降，中国社会看待人的能力与价值，也连带变得“重文轻武”，会跑步会骑马得到的肯定和会念书会写字是绝对不成比例的。为什么那么多人每天主要的事情就是在读书，相信“书中自有黄金屋，书中自有颜如玉”？因为有科举，期待借由考科举往上爬。但看看元朝吧，科举被废除，就算恢复了，在蒙古人的种族政策下，也只有很小一部分汉人能够借科举进朝廷当官，即使那时都还是有很多人在读书，以读书为唯一追求。再看看明朝，官吏员额有限，僧多粥少，使得科举愈来愈难考，但以读书为业的人也没有因此而减少。

“重文”的价值观念已经深深烙印在近世的中国文明中了。

第四讲

以防弊之政，为立国之法

01

必须遵守的“祖宗家法”

史学家杨联陞写过一篇论文，标题是“国史诸朝兴衰刍论”，有意思的是在论文后面有一段笔法比较轻松的附录，叫“朝代间的比赛”。这段文章整理了三项中国传统的特点：第一，强大的历史意识；第二，以“三代”作为历史上存在过的“黄金时代”，也就成了后世的楷模；第三，习惯以朝代为单位来看待历史、理解历史。在这三项特点上衍生出一种和前面的朝代竞争的观念。

当下存在的这个朝代，相较于之前的有哪些优点，又有哪些缺点？过去的朝代成了重要的参考指标，现在这个朝代相较之下会排在哪里，比哪些朝代好，又比不上哪些朝代？

“朝代竞争”的观念会随着时间有不同的变化发展，而就是在宋代，从宋代士大夫开始，这个观念变得非常流行。宋代文人比之前谈论历史或讨论现实的人有更大的动机秉持“朝代竞争”的态度，一个理由是宋朝的皇权加强，其他人，包括文人，相对于皇帝的地位都下降了。官僚体系中原本有可以稍稍牵制皇权的谏官，这时也被改造成跟御史一样的监管官员了。那还有什么力量可以约束皇权？至少可以对皇帝提出劝谏批评？

“朝代竞争”就是重要的手段，可以用来约束皇帝，提出间接的批评。拿过去的朝代当背景，不必直接说皇帝做得不好，改换说法，评估看看：依照当前皇帝施政与社会民生的状况，我们这个朝代在历史上的排名会落在哪里？在宋朝士大夫的政治环境中，就成了和皇帝沟通的渠道。

在宋朝文人的积极运用下，也就形成了大致的朝代排行。好的、强大的朝代，一定是汉朝、唐朝。不过如果以汉、唐为典范，那么宋朝就很难得到好名次。因为汉、唐都有辉煌的对外扩张成绩，拓展了疆域。宋朝开始时打不赢辽，后来打不赢西夏，再后来又打不赢金，在武功上真的没什么可以夸耀的。

所以如果要让宋代排名靠前一点，那个时代的人找到的重要优势是“祖宗家法”。今天的环境中，最常听见“祖宗家法”这四个字应该是在清宫剧里。的确，“祖宗家法”在清代很重要，他们的观念与价值就是向宋人学习的。

宋人讲“祖宗家法”，基本上指的就是宋太祖和宋太宗两人所立下来的原则、典范。两个人前后相继确立的政治精神，一言以蔽之，就是“以防弊之政，为立国之法”。政治上的决策，首先参考、思量过去前人犯过的错误，吸取教训，确保自己不会犯同样的错误。而所要防之弊，绝对不能重蹈覆辙的，就是从唐末到五代的武人乱国现象。如此为了防弊而立的国法，最核心的部分就是“重文轻武”。

02

狄青被撤的启示

“重文轻武”的制度倾向首先表现在“文武分途”上，在宋朝，文官和武官分别资叙，品秩截然分开。也就是一个三品武官不可能平行变成三品文官，文官和武官的品秩不能互通互换，各有各的品秩，关键在于确保文高于武。

不能互通最根本的理由在于薪俸不一样，同样都是三品，文官三品领的钱要比武官三品多得多。其次在升迁速度上也明显不同，基本上文官如果不犯错，也没有得到特殊拔擢，是“三年一迁”；同样的条件下，规定武官为“五年一迁”。

不只品秩待遇上文高于武，在职务上文武也不平等。列入武官官品中人，就只能担任武职，然而反过来，具备文官官品的人，却可以兼领武职。宋仁宗庆历年间，宋和西夏关系紧张，边防极度重要，武官却被边缘化，负责对西夏用兵的主要是韩琦、范仲淹，另外有庞籍、王沿，他们都是文官而不是武将。

仁宗当时要用他们来负责对西夏军务，原先发布的命令是让他们担任“观察使”，这是武官中最高的头衔，然而这四个人却都不愿接受。到后来皇帝不得不亲自出面向他们说明、保证，虽然去做武官的事，但一定不会影响他们原先的文官身份，不是要将他们的文官资历转为武官资历。他们不愿接受，就是因为武官资历太低，即使武官中的最高阶对他们来说都是降等。

很显然，到仁宗时已经形成了根深蒂固的观念，文官绝对不做武官，当然相应地，文官也绝对不接受武官转过来当文官。

另一个例子是，神宗时有一个武官叫何去非，在当时很有名，他写了流传至今的一部书《司马法讲义》，另外还写了《何博士备论》《三略讲义》等，都是兵法上的重要文献。这位“何博士”懂军事、精守备，而且能著作。而他之所以辛勤写作，是因为梦想着能够改叙文资。都能写书了，不能算文人，和文官们站在一起吗？但那就是他一辈子的梦想，到死都无法实现。

武官要改叙文官资历，这条路基本上是断了。还不只如此，有些原本属于军事上的职务，后来甚至被文人占据了，武官反而被排除在外。

读演义小说的人可能听过狄青的名字，他能进入演义成为故事主角，是因为他在宋代曾经是最有名的武将。他的军功在宋仁宗时达到巅峰，皇帝奖励他的贡献，将他升为枢密副使，结果竟在朝廷上引起轩然大波。枢密院本来就是管军事的，理论上枢密使也就是最高的军事职位，然而长期以来，枢密使都是由文人担任，文官理所当然压在武将上面。武官没资格做枢密使，那这么一位武官中最杰出的人才，做枢密副使总可以了吧？

众多文官表示反对，认为狄青还没到那样的气候。不过毕竟枢密副使是武职，议论勉强被压了下去。到了第二年，皇帝又将狄青升为枢密使。这下可就闹得满城风雨，叶梦得的《石林燕语》中形容，“或云其家数有光怪，且姓合谶书”，意思是出现了许多怪诞的传言，不只攻击他，甚至攻击他的姓，攻击他家。经历了这么一场风波，最后皇帝也撑不住了，将狄青从枢密使位子上换了下来，据说因此导致狄青抑郁以终。

狄青到底做错了什么？他不过是以武将的身份去执掌军务最高的职位，这样不行吗？在宋代的官僚体制中不行，那么高的位子，不论是文职还是武职，都只能由文官担任，他们不信任武官有那么大的能力，可以坐上那么高的位子。

03

岳飞悲剧的背后

在这个背景下，我们可以更深入理解岳飞的遭遇。后世传说的岳飞故事中，大反派大对头是当时的宰相秦桧。的确，秦桧反对岳飞，并阻挠了岳飞的北伐行动。不过秦桧的行动，绝对不是单纯基于个人的用心、阴谋。在他背后，有当时绝对不愿意将徽钦二帝接回来的宋高宗；另外，他的背后还有“祖宗家法”和文官集团。

关键的因素在于岳飞是个武将。岳飞不是也会填词，留下了《满江红》这首经典名作？我们不是还能看到岳飞的文集？这些是事实，但在宋代，却不足以让岳飞取得文人、文官的身份。他不曾通过科举考试，他的成就始于北宋将亡时投军，他是个军人，就只能是个武将。

在“文武分途”的传统中，一个武将却有这么大的企图，后来掌握了那么大的权力，必然引发文官集团的高度不信任。这种状况在宋朝层出不穷，几乎成了必然的模式。武官什么状况下会赢得荣誉，从而获得影响力？必然是打仗，而且是打胜仗，随即在武官的系统中节节高升，然而一旦他升到一定程度，就会引来文官的侧目与猜疑：“武人、武将可以在社会上变得那么重要，拥有那么大的权力吗？”

岳飞的悲剧有一部分是由宋朝这样的结构所决定的，早在狄青那个时代就确立了，改变不了。作为一个武官，承平时期没有发挥的空间，被人家轻视和忽略；等到有战事发生，你带兵去打仗，如果输了，要被指责和贬抑；如果你打了一两场胜仗，那当然好，有荣誉有奖赏，可要是继续打下去、赢下去，那又麻烦了，有一个无形的天花板在那里，顶到了，就被文官的集体猜忌将你狠狠地打下来。

理解岳飞还有一项不可忽略的重点，那就是他触犯了另一项重大的禁忌，和齐安郡王赵士褭有公开的密切关系。岳飞经常出入齐安郡王府，当他被召回时，齐安郡王还替他奔走，为他申冤，结果却让岳飞的罪状多加一条——结交亲王。还不只岳飞有罪，齐安郡王也犯了“结交将帅”的罪，因而受牵连而遭流放。

这就显现了宋朝裁抑武官的另一种规定，武官和宗室不能互相交接。这包括在宋代人引以为豪的“祖宗家法”里，其明确规定“在宫有出入之限，有不许外交之禁”，“外交之禁”不是不能去参与办外交，而是具备皇室身份的人不得和外臣交接，和外臣之间只能有公事，不能有私交，更不能有婚姻关系。

这条规定的实质又是“以防弊之政，为立国之法”，赵匡胤、赵光义他们看到唐末以降的诸多问题来自宗室，尤其是宗室和藩镇的联系勾结将外面的势力转化、恶化为宫中内部的问题，于是就制定了对宗室的严格管理办法。在宋朝，宗室子弟只能做一种官，叫作“环卫官”，顾名思义，指的是围绕皇帝、保卫皇帝的人。然而实际上“环卫官”只是个空名，他们并不是真正的侍卫，也没有实际的职务，只是领有这样的头衔，有相应的官俸。但重点是“环卫官”是武官，所以这些宗室子弟见了朝廷文官，就自动矮了一截。

于是“文武分途”又被用来管理宗室和外戚。这些人在“亲亲”的伦常原则下，不能不被给予特权，但是“祖宗家法”规定他们可以做官、领高薪，然而却将他们牢牢地压住不能作怪。压住他们的就是这个武官身份，宗室、外戚很容易有官职，但官职同时也就是约束，将你放在比文官低一级，无法和文官平起平坐的位子上。一直到南宋，宗室和外戚都只能叙武官品级。

神宗之后，因为“环卫官”人数太多了，就放宽规定，不再只能当“环卫官”，可是相应地又多了一项限制。“环卫官”因为没有实际职务，所以当官的可以留在京城，然而如果宗室、外戚要担任“环卫官”以外的其他官职，那就一定要外放到地方去，不能留在中央。已经是矮一截的武官，还一定要发配到外面去，你还会那么积极追求当官吗？还不如就安闲地领高薪过好日子吧！

04

严防死守的宫禁

基于“以防弊之政，为立国之法”，宋代的“节度使”也彻底变形了。宗室、外戚原先如何乱政，最常见的就是向朝廷争取去当“节度使”，于是藩镇和宗亲的身份合而为一，外面和里面的势力密切勾结，那就很难收拾了。

宋代保留了“节度使”的名称，但这时的“节度使”，首先没有“节度”之地；其次，就算真的被派在外面，旁边有知州和通判，知州才真正有权，但还有通判监视着知州，而知州和通判都有权力和渠道针对节度使的行为打小报告。在这种情形下，节度使都宁可留在京师，日子还好过一些。

那宋代的“节度使”是什么样的官？是让宗室、外戚可以领高薪的官，留在京师，一个月可以领四百贯，而宰相也不过才领三百贯。薪俸那么高，当然是奖励，但这依然是武官品秩，在地位上远远不如宰相。

外戚基本上和宗室受到同样的限制。女儿嫁入宫中成了皇后，家人当然受到庇荫，都能做官，但做的一律都是武官，官俸很高，却通通没有实际的权力。外戚比宗室还多一条规定，是不能当侍从，宫中侍郎以上的位子外戚都不能担任，也就是不让他们太靠近宫廷。里面不能留，那去外面发展好了，那也不怎么行得通，因为又有一条规定，不能当监司郡守，意思是地方上有实权的位置也将外戚排除了。最后一条，外戚不得任职中书、门下、枢密院，掌握中央核心权力的官职更是不准外戚染指。

这样防堵外戚乱政还不够，还有一项最根本的措施，是“宫禁”。宫中当然是禁地，不准任意进出，尤其是一定要严防男人进出宫中。为什么任用宦官？就是为了确保皇帝独占生殖权，不必担心后妃生出非皇帝骨肉的小孩。然而宋代的“宫禁”更加森严，明确地不给宗室与外戚进入宫中建立影响力的任何机会。

在原本的“宫禁”考虑中，不会禁外戚。皇后的弟弟要来看姊姊，有什么好禁的，乱伦的更大阻力使他们之间的关系没有可能威胁皇帝的生殖垄断特权。皇后的父亲或母亲更是不会招惹嫌疑。因而传统上皇后的父亲或兄弟就靠着这种能进出宫中的特权，成为最有权力、最有影响力的外戚。如果皇帝年纪小，那通常就是皇太后的兄弟占了最有利的地位。

可是到了宋朝，“宫禁”严密到宫中后妃都被划分出一定的区域范围，只能在这中间走动，不得僭越。至于外人，不论是谁，有任何理由，都绝对不准进来。原本拥有进出特权的外戚，现在成了防范阻拦的对象。

仁宗时的曹皇后，到英宗时还在，年纪很大了，自从进宫后就没有见过她的弟弟曹佾，已经隔了将近五十年的时间。英宗特许让曹佾入宫姊弟相会，曹太后都不敢，说“有宫禁”，一再拒绝，一直到皇帝只好自己将舅舅领进宫里去见曹太后。曹太后一见弟弟，非常惊慌，要弟弟赶紧出去，表示这儿不是他可以进来的地方。由这样的人伦悲剧可见宋代“宫禁”之严。

05

备受节制的宦官

南宋宁宗元年，公元 1194 年，赵汝愚要当宰相。赵汝愚是赵元佐的七世孙，赵元佐是宋太宗赵光义的儿子，也就是他的七世祖具有宗室身份，算是皇族子孙，即使宗室祖先已经去世两百年了，他还是被参奏一本：依照“祖宗家法”，宗室不得为相，用这个理由斗赵汝愚。

如此重重防范，在宋朝历史上的确发挥了特殊作用。宋朝一路下来，一共出现了九次皇帝早死，太子即位时还很年少，因此由太后或太皇太后听政的情况。这在所有朝代中是次数最多、比例最高的。然而对比其他朝代，宋朝却没有因为皇太后、太皇太后听政而引发外戚干政和专政问题。

为什么说在朝代竞争中，宋人格外推崇“祖宗家法”？“祖宗家法”发挥作用防范了外戚之乱，这一点就胜过绝大部分的其他朝代。宋人在政治意念、政治论述中经常强调，自己所处的这个朝代没有宫闱之乱，也没有外戚之祸。这确实是“祖宗家法”发挥作用才避免的。换另一个角度看，也正因为“祖宗家法”对宗室、外戚已有了那么严格的防范，才使得皇太后听政如此普遍，不会被视为侵夺皇权的严重威胁。

为了防外戚而有那么严密的“宫禁”，连带地使得宫中与朝中的互动极度稀少、极度困难。外面的人，就连皇太后的弟弟都进不来；后妃不只出不去，甚至连宫中都无法走遍，越过界限进到下一个院子都可能被砍头，于是还能承担内外传讯功能的，就只剩下宦官了。

于是相应地，宋朝宦官人数很多，而且很重要。光是在《宋史》中，就有四十三个宦官有传。不须读《宋史》，我们看《水浒传》，小说里有一个大宦官童贯，他出场的时候是带兵的。宋朝的宦官是可以带兵的。

列入《宋史》的四十三位宦官中，身上有过的军职头衔超过五十个，平均每人超过一个。头衔最高的是童贯任职的“监军”，就是朝廷的军队都归他负责监督。最低的位子则是“走马承”，虽然名字看起来挺卑微，但在军中其实权力也不小。

这反映了“祖宗家法”的另一项规定，用来节制宦官。宦官只能管武人，不能管文人。我们很容易认为宦官权力很大，大到甚至可以管军队、管武将，但其实应该倒过来看，在文武分途、重文轻武的原则下，“祖宗家法”限制宦官，宦官的权力只及于武人武将，不能再向上干预文官。

“祖宗家法”管宦官最彻底、最凶狠的一条，是规定宦官不得读书识字。在重文轻武的制度中，让宦官绝对无法取得文人的资格，不可能有文人的地位。到南宋，有受宦官协助而取得宰相位子的人想要改变这种情况，教内侍识几个字，却仍然被其他官员动用“祖宗家法”阻止了。宦官可以压在武官之上，在军队里监督将领，但因为没读书不识字，也就不可能在此之外在政治上扮演什么别的角色。童贯也不识字，也得不到读书认字的权利。

“祖宗家法”还规定宦官必须定额，不可以随便增加。在现实中，宋朝的宦官是有增加，但定额规定还是相当程度约束了皇帝的主观任意权力。要多用几个宦官，皇帝必须下一道诏书，说明基于什么理由、什么需求，宫中多几个宦官做什么用。如果交代了要多二十个宦官，等这二十个位子填满了，要再增加又必须下新的诏书。如此使得宦官团体在宋朝没有无节制地快速成长。宋代宦官最少的时候大约五十多人，最多时也不过两百五十人，和其他朝代相比，那真是很节制了。

还有一项特别规定，给宦官独立的品秩，不和文武官杂混。宦官不会有武资，更不可能叙文资。如此一来就杜绝了二品宦官去指使三品武官或三品文官的可能，宦官的品秩只能在宦官内部比，遇到武官、文官是无效的。宦官品秩再高，在朝廷官僚体系中都没有意义。

06

待遇优厚的文人

重文轻武的立国精神很现实地反映在待遇上，宋代文官待遇和武官待遇差很多，这又是“祖宗家法”刻意设计、维持的。

文官中地位最低的是知县下的“县尉”，待遇大约是一个月六贯钱，加三石配粮。和“县尉”大致同品秩的武官是“下禁军”，他们的待遇却只有三百文到五百文。宋代币制基本上一贯等于一千文，所以一换算，“县尉”的待遇竟然是同品秩的“下禁军”的十二倍到二十倍，而且武官还没有薪俸之外的配粮！在“中禁军”之上的“上禁军”，品秩高于“县尉”，薪俸也只有一贯，是“县尉”的六分之一。

再往上看，“知县”的待遇大约是五十贯，知州大约一百贯，这是地方官。中央的官员大概都能领到一百贯到两百贯，而宰相有三百贯。也就是文官中最高层官员的待遇，是最低层的五十倍之多。

让我们试着这样算，会更具体一点。在我们的社会里，最低工资如果是一万元一个月，我们拿来比拟宋代最底层武官所领的薪水，给的待遇总不能让人家活不下去吧，如果一个“下禁军”在今天领一万元，那么“县尉”就有十二万。一个宰相在今天能领多少呢？六百万！

宋代货币经济已经很发达，但文官的收入除了以货币计算的薪俸之外，还有配粮，甚至还有配布，这些都是可以换算成钱的。文官还配给盐、纸，冬天有柴有炭，而这些武官都没有。

有一种机构叫作“公使库”，顾名思义，本来是提供负责递送信息的使者所需的开销。但到后来“公使库”不断扩张，变成只要是文官在路上的所有费用都由“公使库”开支。一个知州要上京，他出门时可以一毛钱都不带，路上也真的可以自己的一毛钱都不用花，甚至回程时还能剩钱带回家。一切都有“公使库”提供、招待，他们当然都乐于上京。

宋代的士大夫讲求“士风廉洁”，一部分原因在于只要做了官，他们就真的不缺钱。“文官不要钱，武官不怕死”，这是宋代所建立的标准，特别如此提出，是因为有文官可以从朝廷领到高薪的现实基础。看看宋初名臣范仲淹，他在中国社会史上另外占有一席之地，因为他退休之后在家乡买了一千亩田当作“义田”，成立了“范式义庄”，将“义田”的收入拿来办“义塾”及其他宗亲间的社会福利机构。范仲淹号称廉洁，他不必贪污，也不必去做生意，光是任官多年，做过宰相，所收入的就足以让他买“义田”办“义庄”了。

范仲淹将积蓄拿去买“义田”，也不必担心自己的晚年生活，因为他还有“祠禄官”，也就是退休俸。在一定品级之上的官员，退休时还能定期领大约一半的薪俸。宋朝对于文人的优遇到这样的程度。

07

科举取士的隐忧

宋朝国家财政经常出问题，国库困窘，其中一个常常被忽略的因素，就是花在文官体系上的人事费用。为什么会被忽略？一来，因为这是“祖宗家法”制定的历朝精神，不能检讨不能改变；二来，讨论、处理财政问题的都是文官，他们自然不会先检讨自己的薪资，不会承认自己所受待遇是国家问题的来源，更不会拿自己的收入开刀来改革国家财政。所以他们提出种种办法要富国强兵，但相当程度上是注定失败的，文官开销不减很难“富国”，武官地位不提升也很难“强兵”。而文官开销减少、武官地位提升，都是违背文官本位立场的。

近世历史非常突出的成就是辉煌的文人文化，而这样的辉煌表现是有现实基础的，那就是文官的社会地位以及不虞匮乏的经济实力。一旦进入到这个系统中，得到了文官的身份，就得到了社会的尊重与瞩目。文官中有等级，等级的核心概念源自科举。进士的地位最高，一般被称作“文辞之士”，那可不是对会写文章的人的泛泛之称，是特别保留给进士出身的。

唐代就有“进士”和其他科别间的高下差异，到了宋代更为严重。唐代是考上“明经”的人比不上考取“进士”的人；但到了宋代，却是考上“明经”的人被认为还不如很多志在考“进士”却迟迟未考取的人。而且在考取“进士”的人当中，又分出等级来，名次在最前面的是“进士及第”，稍微后面一点的是“进士出身”，再后面一点的则是“同进士出身”。名词上就显示了“出身”，意味着这是一种身份，不单纯是一时的考试排行，而且这样的考试结果真的会跟着你一辈子，反复出现在你的资历上。

考试愈来愈重要，尤其是进士考试愈来愈隆重。那是在皇帝面前的大场景，叫“殿试”，由皇帝亲自当考官，由皇帝点到的才是不折不扣的“进士”。其他通过考试却没有被皇帝看中的，就只能是“进士出身”，其他有资格参加“殿试”的，那就是“同进士出身”。

在文官中又分出非常明确的阶层，等级层分产生了一个效果，就是拉开了“进士”和其他人之间的距离，并以“进士”作为文人系统的最高标准。其实从帝国统治的角度看，这绝非好事，反而是个严重的问题。“进士”是“文辞之士”，考的是会写文章会作诗的人，这样的人当然不见得会治国，这是一大问题。“进士”被抬得那么高，连带地写文章作诗也被抬得很高，社会上视写文章作诗为头等能力，相对轻视实际当官治国所需要的本事，这是另一个大问题。考的是文辞，却要找可以当官的人才，这手段显然达不到目的。

08

新办法解决不了旧难题

长远一点看，在中国历史上，这个问题是从魏晋南北朝延续下来的。“进士”之所以有超高地位，溯源毕竟是来自于“门第”。“诗”原本是门第贵族教养的重要代表，能够投注精神在文辞上修习砥砺，是他们的特权，因而隋唐之后重点考文辞的“进士”，吸引了门第后裔参加，他们较高的社会地位就连带提高了“进士”的价值。

文辞能力是贵族身份的象征，原本这些人参政做官，凭借的是他们的门第背景、门第训练，而不是文辞能力。然而到了宋朝，门第贵族消失了，“文辞之士”在官场的特殊地位却随着科举而沿袭下来，于是问题更恶化了，这些人真的就是专精于文辞而考得好，他们和政治之间没有任何门风带来的经验与资历，谁诗文写得好，谁就考试考得好；谁考试考得好，在官场上就能得到优越的身份，仕途上就能得到较多的权力。

这当然不对劲，但在宋代，矛盾非但没有解决，还更扩大了。首先，去进学读书的，都只为了考试。宋代的太学收了很多学生，最多的时候收到三千人，成为一群深思、有良心的士大夫的批评对象。因为太学的教育实质就是补习班，不教应对进退，也不教治国理民，更不教父慈子孝兄友弟恭。那教什么？就教作文写诗的一套方法，学到这些内容，有助于考试取得好成绩，一旦进入仕途当官，就当得一塌糊涂。

不一塌糊涂也难吧！去当官的人根本没有学过当官所需的基本知识，更从来没思考过如何当官。宋代一直都有人疾呼应该改革科举，不能将重点都放在“文辞”上，要加考“经义”，也就是让考生，即官员候选人受一点政治教育，具备中国传统的政治理论常识。到王安石执政时，就大力实践了这个主张，然而以他的独断个性，自己写了一套《三经新义》，规定考试内容以此书为标准。结果旧党大反弹，强烈反对，于是改革的重点扭曲了，这项改革也就像王安石的其他措施一样，等他失势了就被推翻，而且还成了新旧党争的另一个战场。

新党提出另外一个长期的改革方案，是以学校取代考试，要制定“太学三舍法”，学校有三种等级，表现够好的才能升级，极少数能完成三级教育的，才可以取得任官的资格。这就是要处理考试重文辞，以致考用彻底脱节问题的一个方案。

尽管科举制度不合理，但因牵涉到太多复杂的社会因素，在现实条件纠缠下，不合理的制度却无法改变。宋代有“榜下捉婿”的说法，描述要保持家业地位的大家族，发榜时就盯住榜单，如果榜上有名的人还没结婚，就赶快抢来当女婿。这种情况充分显现社会上对科举近乎疯狂的反应，怎么可能改得动呢？

09

审美趣味的大流行

从政治上看，这是可怕的灾难，考试选拔出这些对政治没有准备的人，却给他们那么高的地位和那么优渥的经济报酬。不过从文化上看，却创造了近世中国最了不起的成就，那就是产生了空前绝后的文人文化。

文辞取士关键就在抬高了美学标准，或者说美学品位的重要性。文章辞赋的规则大家都可以学，写法大家都可以练习，然而在激烈的竞争下，最后要想脱颖而出，就必须要在美学上有独特表现，从而在文人心中建立起鲜明而强烈的美学态度。

这些人在社会上抬头，靠的不是政治上的训练，而是在美学上的长期浸淫。如果接受过基本的政治训练，他们可以很现实、很干练，但他们就不会写诗，不能将字写得很漂亮，不会从写字的美感连带引发对于绘画的一套不同要求与解释。他们正是借由美学的能力取得了被其他人羡慕的地位，当然没有道理放弃这样的能力，反而由这样的能力发展出可以标榜自己，和社会上其他人拉开距离的一种生活方式。

还有一项绝对不能忽略的条件，那就是文人进入官场之后，完全不必为现实劳神。他们不必担心钱，有薪俸、有职务，就连外出远游都可以靠“公使库”支应照顾。最极端的情况是即便因为犯错被贬谪，要去天涯海角偏僻的地方，一路还是“公使库”买单，不会忍受饥寒之苦。

因为这个系统里都是如此出身的人，就有了集体的价值倾向。在这个系统里的地位高下如何评判，如何能够得到别人的肯定与尊重？靠你很会断狱？还是靠你很会治民，教人民如何种竹子赚钱？还是靠你很会防边，在边境上可以震慑辽人或金人保持距离？

这些都不是文人系统中最核心、最有价值的。要种竹子，不是为了人民的收入、商业买卖的繁荣，而是为了可以让生活产生一种特殊的美学趣味。那才是在这个系统中可以拿给人家看，能让人家注意到的。

由诗文开端，在近世中逐渐发展出了其他文人文化的项目——“琴棋书画”。琴，即音乐，但这时候的音乐不再是匠人的音乐，而有了特殊的文人音乐理论与体会，在所有的乐器中，特别凸显了琴，用琴来代表音乐，因为琴的弹奏与声音最能符合、彰显文人所建构的理想。

棋，是游戏的一种，然而在近世社会中，围棋取得了和其他游戏不同的地位，它是简单的、高度抽象的，而且可以引发许多思考，并在胜负之外产生许多意义。落子有先后，这是时间；布局，这是空间；无声且不清楚的胜负过程，近乎无穷的变化可能，这又最适合用来当作人事的譬喻。棋不只好玩，更重要的，是利于思考。

书，是从写字衍生出的书法，本来就和诗文有密切的关系。诗文必须被写下来，很自然地在追求好的、美的诗文中，连带讲究诗文的字也应该是好的、美的。然后随着诗文产生不同个性标准，书法也因此扩张了其意义，甚至在表达诗文意义之外，拥有了独立的地位。

画，和音乐一样，原先是属于匠人技术的领域，却在近世文化中被改造了。和诗文结合在一起，画不再是再现眼中所见的形与色，而是要创造诗文中所传递的那种理想景致，写实性标准快速让位给了理想性、精神性的标准。特殊的“文人画”于是兴起，进而成了这个时代绘画的主流。

10

“祖宗家法”的利与弊

看到由武人所建立的朝代前后相继，每个都只存留了很短的时间，连赵匡胤的母亲都知道这种环境中当上皇帝的人，首要的工作就是找出方法，让自己的朝代不要同样昙花一现。赵匡胤、赵光义他们设立、执行的制度，因为是从巩固政权的角度出发，就成了要求后代警戒遵守的“祖宗家法”。宋朝果然没有步后周的后尘，成为另一个短命王朝，证明“祖宗家法”是对的、有效的，那也就更不能改、不该改了。

重文轻武是“祖宗家法”。在宋朝，文人和文官基本上是相通的，必须要有文人的涵养与训练，才可能当上文官。从相反方向看，文人的训练也就是为了取得做官的资格，不只是要考得上科举，也要培养出文官特殊的生活方式与品味。除了当官，文人没有其他“正当”的职业。

文人文化的根底，当然源自他们所读的书而来的价值信念。和价值信念相关的书几乎都是儒家的经典，因而也可以集体地来看，宽泛地说，宋代的文人都是儒家。而在儒家的基础背景之上，后来又生成了一套自觉的大系统，要重建以儒家信念为原则来解释一切的理论系统，那就是在宋代、明代大放异彩的“理学”。

理学家都是文人，但并不是所有的文人都是理学家。儒学是培养文人过程中绝对不可或缺的一环，然而理学是更专精更广大的儒学，那就只有一部分文人有意识地去追求才能建构起来。

相对地，“琴棋书画”是文人的普遍生活要求。既是生活的乐趣，也是身份的展示。作为宋代文人，可以不懂心性理气，却不可能和“琴棋书画”绝缘。文人除了读书明理、写诗作文之外，还有一些微妙共识下的条件，在这种情况下形成了独特的文人文化，刺激促进了文人文化的快速发展。

在重文轻武的精神下，光是不准宦官读书识字，就可以有效解决宦官干政的问题。也是在重文轻武原则的影响下，宋代的武官也都要读书，向文人看齐，自主地要模仿文人，然而一旦成了武官，再怎么读书也不可能翻身越界变成文人，只不过没读书的武官就连在自身的军事系统里都很难出头，在社会上更难得到尊重。

因为重文轻武，一方面使得宋朝无法抵挡北方外族势力，但我们也不应该忘了另一面，重文轻武建立起的这套文人文化，后来都迅速地传到了辽和金，相当程度上有效地感染同化了他们，也等于是以文化的吸引力为宋朝建构了另一种别样的防线，将辽、金社会汉化，起到了延续宋朝国祚的作用。

第五讲

琴——自娱自乐的雅趣

01

文人身份的象征

宋朝刚开始时，仍然有“中古遗风”，对于参加科举的人还有身份限制，但很快就开放了，于是产生了文人身份认定以及文人自我认知的问题：虽然科举是取得文人身份最直接最鲜明的渠道，然而如果只靠考上科举来定义文人的话，那么文人这个集团会很小，甚至不成为一个社会集团。

看看北宋仁宗朝，前后一共有十三次进士考试，将所有的十三榜榜首都调查一下，结果发现其中十二个的父亲都不是做官的。再看看南宋，这时有比北宋更详密的资料，《登科录》将“登科”人的父亲、祖父、曾祖父都记录了下来。《登科录》上五百七十个人，超过一半人的父亲、祖父、曾祖父都没有当官，也就是他们来自于非官宦人家。另外，五百七十人中，父亲当官儿子又能考上去当官的，大概只占五分之一左右。

如此明白地显示，在宋朝，扩大来说在近世中国，因为科举竞争太大、太难考，所以科举取得的官宦身份很容易失去，或者说很难一代代维持下去。很多非官宦家庭的子弟不断冒出头来，表示这个环境是相当开放的。

因而后来发展出官宦身份与更普遍一点的文人身份间的特殊关系。官宦人家必须建立自己的文人门风，以便即使下一代甚至下两代的子孙在科举上表现不好，仍然还能维持文人的地位。也就是要取得文人身份，主要依靠科举成就，然而一旦取得，要继续维持下去，就不再单纯靠科举了。要靠一种特殊的“教养身份”，让你在没有科举带来官职官位的时候，还能和社会上其他人区分开来，保持较高的地位。文人文化就是这种“教养身份”的体现，也是“教养身份”的副产品。

“教养身份”与相关的表现在宋朝开始发展，到了明代就凸显“琴棋书画”，这四个项目被固定为文人“教养身份”的核心。这四种核心项目有什么共通之处？第一，都是室内活动，而且都是静态的活动。整个近世社会在文人文化主导下，基本上是主静不主动的。这就牵涉到对于儿童教育的看法，认为教小孩最重要的就是让他们安静下来，以各种方式想办法让小孩安静，在近世教育中被抬得很高，爱动的儿童会被管束、压抑，被视为坏孩子、野孩子。

其次，“琴棋书画”都是生活中的，而不是事业上的活动，都不是明显有用的。从科举“文辞取士”衍化而来的文人文化，根柢上有强烈的美学关怀，在教养中很反对自我标榜、自我炫耀。因而适合文人身份的活动应该是非功利的，不是为了去换取名利，不是来自手段的算计思考。

宋代文人写诗、填词，但正因为诗词，尤其是诗，仍然和科举考试有直接关系，于是相对地就被认为属于官僚应酬的场面，不会和“琴棋书画”摆放在一起。“琴棋书画”比诗词更“文人”化，因为更纯粹，更没有目的性，不能换钱，也不能换功名，具备了无实际效用、仅仅是业余消闲的性质。

02

你说的“琴”是什么琴？

“琴”是一种乐器，琴演奏出来的是音乐。在近世文人文化中，“琴”虽然代表音乐，但不等于音乐，而是广大音乐领域中特别的一块。在所有的乐器中，甚至可以将人声一并纳入比较，拨弦发出的琴声最为疏朗，相对最安静。琴还有另一项宋人很在意的特性，那就是来源最古老。

关于琴的来源，近世文人文化中有很多说法，不过现在我们可以通过考古证据确认，琴的出现与发展极其久远。在战国时代的曾侯乙墓中，除出土了最有名的编钟之外，还发掘出了许多其他乐器，应该是整支乐队的乐器都被当作陪葬品埋进去了，其中就有“五弦琴”。不过有专家坚持认为应该叫“五弦器”而不是“五弦琴”，因为其功能应该是为编钟调音，是调音器，无法证明被当作乐器来演奏。

不过西汉的马王堆三号墓中又有了另一项考古发现，那是一把“七弦琴”，发掘的证据更明确，这把琴琴头 11.5 厘米，全长 82.4 厘米。琴身分为面板和背板，两块板子用卡榫接合。这样才能使琴身中空，产生共鸣，放大琴弦震动的声音。有中空琴身，显示这把琴是演奏用的。到东汉之后，又发展出将整段树木挖空的技术，就能制造出比两块木板弯折接合更好的共鸣箱。

马王堆出土的琴一共是七条弦，但没有“琴徽”，也就是西乐中所称的“琴桥”。出土时上面明显看得出磨损痕迹，表示这是真正使用过的乐器，不是专为陪葬而做的“明器”。从磨损的痕迹我们还可以还原大略的演奏方式，一个磨损处显然是弹奏的位置，另外两个磨损的地方依照弦长判断，大约是在四度音和五度音的位置。

我们有理由相信，早在西汉时，宫廷就已经使用并演奏琴了，而且应该不单单只是由匠人来演奏，如果是匠人用过的琴，没有道理被放入墓葬里。最有可能那是墓葬主人自己用过的乐器，也就意味着琴不是单纯拿来表演的器具，贵族女性可能有自己弹琴来消闲自娱的习惯。

再晚一点，刘向写了一篇《琴说》，如此强调“鼓琴”的意义：

凡鼓琴，有七例：一曰明道德，二曰感鬼神，三曰美风俗，四曰妙心察，五曰制声调，六曰流文雅，七曰善传授。

这段话应该倒过来读，讲的是演奏琴的七个层次，最低的一层是为了教别人如何演奏。在此之上的一个层次，则是发挥影响让听者变得文雅。再上去，是寻找并制定音乐的规则。再上一层，可以表现内在的心思情绪，然后可以产生改善风俗的作用。进而琴声可以超越人间领域，感动鬼神。而最高的境界和成就是阐明道德，给予人间最坚实的秩序。

继承《乐经》《礼记·乐记》的观念，刘向赋予了音乐很高的地位，而且特别突出了琴的角色。音乐如此重要，而琴又占据了所有乐器中的至高位置。

03

古代琴谱是怎样记录的?

东汉末年，有了“蔡氏五弄”，是由蔡邕创作的五首琴曲——《游春》《渌水》《幽居》《坐愁》《秋思》。另外为了反映琴的重要性，这个时代也出现了伪托的琴曲，有一首流传很广的《幽兰》就是假托孔子的作品，据说表现了孔子不遇时的心情，如同一朵开在幽谷里的兰花。

1885 年，杨守敬在日本意外发现一份《幽兰》的唐人手抄谱，这是目前能够找到的最早琴谱。这份琴谱一共有 4954 个汉字，从中间抄出一段来：“无名不动。又下大指当九案徵。无名散打宫。”看得懂吗？这当然不是受到西方音乐影响后我们想象的乐谱，它记录的不是声音，而是操琴的方式，第一个音无名指不动，下大指按第九条弦的徵，然后以散拍打在宫音上。这显然必须要在特定的琴上才能对应发出指定的声音，而且光是记录一个音就用了这么多字。琴谱是以这种记录动作的方式写成的。

虽然我们可以借由在琴上复制动作，将发出的声音改用西方乐谱记录下来，不过这样的古乐谱清楚地显示了中国音乐的一大特色，同时也是根本问题，那就是缺乏一套简单有效的方式来记录音乐，这样的琴谱很难让音乐流传。音乐在中国必须依靠现场的示范教导才能流传，一边看着示范者的动作，一边自己在琴上弹出来，如此来学曲子，再将曲子用动作记下来。弹琴的声音和动作是分不开的。

那样的琴谱一定是给识字的人看的，表示琴很早就和文人关系密切。另外，那样的琴谱在记录音乐上其实很没效率，演奏时间不过就三五分钟，动作过程写下来却要四五千字，耗时费工，读起来也很不容易。演奏记录如此之难，使得音乐在中国无法有效地保留，造成了今天回头整理中国音乐史的巨大障碍。

音乐的性质与音乐的产生和运用密切关联。首先，如此产生的音乐是技术、能力，而不是知识。即使是后来经过改良的工尺谱或减字谱，都还是和西方的乐谱有着明显的差异。中国乐谱始终是记录动作，而不是记录声音的，不同的乐器就必须要有不同的谱。相较之下，西方找到了一种记录抽象声音的方式，如音高、速度、强弱等等，不限定是由什么样的乐器所发出的。

中国有音乐，却没有产生一种高度抽象的音乐理论。音乐始终和具体的乐器、明确的演奏行为联系在一起，从来没有将音乐和这样现实具体的声音分离开来，单独进行抽象的认识与发展。

04

乐器可以分为哪几种?

音乐的性质又反过来决定了音乐产制的基本环境。从战国到唐朝，中国音乐大部分运用在宴饮或舞蹈场合，而且乐器没有太多的变化。开始发生变化是在唐朝，增加了许多乐器，不过这些新增的乐器几乎都是外来的。

唐代因为和西域交流密切，引进了许多西域的乐器，才使得今天我们所认识的“国乐”编制逐渐完整。唐代重要的音乐文献《乐府杂录》中所编录的乐器竟超过三百种。乐器除了种类繁多之外，此时也形成了更明确的分类，由原先依照乐器材质分成“八音”——金、石、丝、竹、匏、土、革、木，转为以演奏方式分成“吹、打、弹、拉”四类。

“打”这一类发展得很早，战国的“编钟”就是敲打的，之所以出现如此复杂庞大的编钟，就因为以打击方式演奏，如果要产生旋律，就必须罗列大小不等的钟，每一个都有不同的音高，才能制造出音高起伏的变化。在“国乐”中，打击乐器一直维持了非常重要的地位。

同样发展较早的是“吹”。“吹”分成两种，一种统称为“笛”，中空有孔，借由孔的开合来操纵音高，以向中空吹气的力道来控制音量。另一种则是“管”，“管”是有簧片的，借由簧片的震动发出声音。传统上的簧片一般都是芦苇片。最早的“管”是筚篥，能发出很尖锐的声音，类似唢呐，听起来有凄凉之感。

“弹”这类中最重要的就是琴。在琴之外，另有瑟。琴的发声原理近似吉他，是靠按弦位置来决定音高；瑟比较像竖琴，每一条弦都有固定的长度和音高，所以李商隐的诗说“锦瑟无端五十弦”，瑟要有很多条弦，五十条弦有五十种不同的音高。

发展最晚的是拉奏乐器。在中国乐器发展史上，拉奏乐器是从弹拨乐器变化过来的。早期的文献常常会有拉奏乐器的名称和弹拨乐器相同的情况。拉奏乐器出现得晚，主要因为最早的发音方式是用竹棒去摩擦弦，虽然能发出声音，却极难控制，尤其声音质量不佳，听起来很刺耳。要等到以马尾毛制成的弓取代竹棒，摩擦弦所发出的声音才变得好听，拉奏的弦乐也才变得普遍，提升了自身的重要性。而马尾毛材质的弓，也是从西域传过来的。

05

唐代宫廷乐队的组织

除了乐器完备之外，音乐在唐朝的另一项重大进步，是乐曲形式与乐曲编制固定了下来。这方面的发展，有赖于音乐和宫廷的密切关系。李氏皇家很重视音乐，宫廷活动中大量运用音乐。唐代形成了“九部乐”“十部乐”，各部名称都是西域的地名国名，标示了音乐的来历。

由此反映了两种心态，首先音乐仍然带着浓厚的异国情调，甚至朝廷和宫廷会特别突出、炫耀其异族异国性质，表现唐朝作为天下中心的独特地位。其次，清楚表现出音乐运用的场合，主要是对外展示作为东道主开放接纳欢迎众多外来宾客与其生活、文化的态度，象征和平与友谊。

“九部乐”“十部乐”中最重要的是“龟兹”跟“西凉”，这两种音乐编制最大，音乐形式也最复杂。到了唐玄宗时，这些音乐经历了极大的改变。唐玄宗不只热爱音乐，而且具备很高的音乐天分，他改编这些音乐并实质上进行创作。他先将“九部乐”和“十部乐”进行分项，然后又创造了一种编制较小的乐曲形式，称为“雅乐”，再将“雅乐”逐渐扩大为一套系统，又将这套系统重新命名、编组。

玄宗之后，唐朝宫廷音乐就分成了三个层级。“雅乐”编制最小，使用的乐器较为传统，音乐的变化也较少，保留了比较多的受西域影响之前的本土音乐成分，“拉”的乐器都还是使用竹棒而不用马尾弓，吹的乐器也以“笛”为主，不太用“管”，于是整体的音量必然不会大，演奏的难度却比较高。

原先的“九部乐”、“十部乐”被分成两种，一种是“坐部伎”，表示是坐着演奏的。编制比“雅乐”大些，但用西乐的概念比拟的话，仍然属于“室内乐”的规模及演奏方式。参与演奏的人大约是八人到二十人，坐着在室内演奏，音量也不会很大，并且承袭六朝的基本规范，“歌者不舞，舞者不歌”，唱歌的人和跳舞的人区分开来，各司其职。“坐部伎”有歌而无舞，器乐分成六部。

另一种就是“立部伎”，站着演奏的。不只站着，而且通常在广大的空间，甚至是户外演奏。这是大型音乐演出，分为八部，编制从六十人到一百八十人，这是大型乐团！还不只如此，唐代的“立部伎”有现代交响乐团所没有的一种趣味，乐手站起来是为了要有动作。

“立部伎”对后世的演出形式影响深远。在这里，音乐和动作、舞蹈有了结合。原先的宫廷音乐中，“琴”和“瑟”的角色都很吃重，然而一旦要站起来演出，演奏这两种乐器可就有了很大的困难。于是相对地其他几种乐器就崛起了，抢夺了“琴”和“瑟”的位子。其中一种是抱着演奏，可以坐也可以站的“琵琶”。

“琵琶”也是从西域传来的乐器，“琵”和“琶”来自“批”和“把”，就是两种拨奏的动作，一个朝外，一个朝内。传入中原后，这个乐器有了分支发展，一种比较小的称为“秦琵琶”，“秦”字仍然表明是从西方传进来的。后来因为阮咸特别擅长演奏这种乐器，就又有了“阮咸琴”的别称，简称为“阮琴”。

今天国乐中的“阮琴”看起来和“琵琶”很不一样，那是因为唐朝之后，“琵琶”有了重大变化，出现了“曲颈琵琶”，有了“曲颈”，这个乐器就更容易携带，也方便边做动作边演奏。

之所以产生这样的分布，很可能是源于唐玄宗敏锐的听觉要求，把最精华、最细腻的音乐表现放在“雅乐”中。如果是仪式性的，没有那么讲究，那就由“坐部”来处理。要热闹，相对没有那么要求音乐表现的，就让“立部”边演奏边唱跳来进行。不过到了后世，反而是音乐上最不讲究最随便的“立部”开启了和舞蹈、戏剧结合的空间，而有了最大的影响。

06

唐代音乐形式的发展

唐代音乐在曲式上也有了进一步的发展，这时候有了“法曲”。“法曲”源自六朝的道教音乐，随着道教受重视而进入唐朝宫廷，被宫廷音乐吸收并予以扩充。“法曲”是“大曲”中的一种，编制上比一般的“大曲”稍小一点，器乐的音域比较低沉，和原本所要制造的宗教气氛有关。

“大曲”有很明确的结构，开头是“散序”，也就是序曲，在节拍上很自由，可以分成几个不同段落，段落和段落间会转调，大约会用到两三个不同的调。“散序”结束后才进入乐曲的主体，叫“中序”，又叫“歌头”，这段音乐基本上采用慢板的节奏，有时会有特定的标题，就在标题后面加一个“慢”字，主要凸显拉长咏唱的效果。再下来是“破”，又称为“舞遍”，表示节奏是比较快的，而且带有舞蹈的意味。

这样的安排可以对照西方古典音乐的奏鸣曲形式。奏鸣曲的第一乐章通常是快板，“散序”则一般运用快板、稍快板或行板；第二乐章是慢板，“中序”也是慢板；第三乐章又回到快板，不过一般是轮旋曲形式，句子比第一乐章要短，创造出更强烈的节奏感，“破”或“舞遍”也是带有舞曲节奏的快板。

“歌头”，顾名思义是在这段要加入歌唱；“舞遍”，顾名思义也是在这段要加入舞蹈。舞跳过了，会有一段“歇拍”，让原本激烈快速的节奏逐渐慢下来。最后则是一段“煞衮”，相当于西方音乐的尾奏，表示要准备结束了。形式规定，“大曲”一定要收在“煞衮”，那是一个绵延的长音。

中国器乐的最高峰在唐代完成了，有庞大的编制，有严谨的形式规则。这背后有宫廷的支持，还有宫廷所提供的训练，才能演奏“法曲”和“大曲”。宫廷里有两个重要的机构，一个是“教坊”，另一个是“梨园”。“梨园”比较杂，有音乐有舞蹈，后来更成了戏剧的中心；“梨园”中具备较佳音乐条件的，就送进“教坊”中进一步训练；“教坊”里表现最好的，才能再进“雅乐”中深造。大量的宫廷投注在这里面，才得以造就这段中国音乐史上的高峰。

07

盛唐诗人与音乐的趣事

晚唐薛用弱写过一本《集异记》，全书虽然散佚不传了，但在清代编撰的《古今图书集成》留下了部分的段落，其中记录了一个有趣的故事：

开元中，诗人王昌龄、高适、王涣之齐名[1]。时风尘未偶，而游处略同。一日，天寒微雪，三诗人共诣旗亭，贳酒小饮，忽有梨园伶官十数人，登楼会谯。三诗人因避席隈映，拥炉火以观焉。

[1] 王涣之为北宋进士，《集异记》将王之涣误作王涣之，始于明正德年间阳山顾氏文房刻本《集异记》中“王涣之”条。

说开元年间，三个大诗人王昌龄、高适、王之涣都很有名，而且三个人都没有固定的风尘女伴，去游乐的地方也大致相同。有一天，天冷下了点雪，三人一起到“旗亭”去喝酒，突然有十几个梨园的乐手也上楼来宴饮聚餐，他们三人就让到一边，靠近炉火看着。

俄有妙妓四辈，寻续而至，奢华艳曳，都冶颇极。旋则奏乐，皆当时之名部也。昌龄等私相约曰：“我辈各擅诗名，每不自定其甲乙，今者可以密观诸伶所讴，若诗入歌词之多者，则为优矣。”

过了一阵子，有四个妙龄的歌妓陆续到来，都打扮得十分艳丽，穿戴极尽奢华之能事。接着乐手也奏起音乐来，个个都是当时的好手。王昌龄他们三个就私语讨论：“我们都写诗，平常很难依照自己的看法分辨谁写得比较好谁比较差，现在有了这个好机会，在一旁偷偷观察几个歌妓唱的歌，诗被选入歌词多的，当然就比较厉害了！”

俄而，一伶拊节而唱，乃曰：“寒雨连江夜入吴，平明送客楚山孤。洛阳亲友如相问，一片冰心在玉壶。”昌龄则引手画壁曰：“一绝句！”寻又一伶讴之曰：“开箧泪沾臆，见君前日书。夜台何寂寞，犹是子云居。”适则引手画壁曰：“一绝句！”寻又一伶讴曰：“奉帚平明金殿开，强将团扇共徘徊。玉颜不及寒鸦色，犹带昭阳日影来。”昌龄则又引手画壁曰：“二绝句！”

唱着唱着，一名女歌手唱出了王昌龄的诗，王昌龄乐得用手在墙上记录："一首绝句！"接着另一名女歌手唱了高适的诗，高适也记录："一首绝句！"再下来，又出现了王昌龄的诗，王昌龄赶紧在墙上加码说："两首绝句了！"

涣之自以得名已久，因谓诸人曰："此辈皆潦倒乐官，所唱皆巴人下俚之词耳！岂阳春白雪之曲，俗物敢近哉？"因指诸妓之中最佳者曰："待此子所唱，如非我诗，吾即终身不敢与子争衡矣！脱是吾诗，子等当须列拜床下，奉吾为师！"因欢笑而俟之。

这下王之涣可不开心了，他觉得自己成名这么久了，怎么会输给另外两人？他就怏怏地说："这些人都是些过气不入流的乐手，唱些不入流的歌词！那些真正有水平的曲子，他们这种俗人怎么敢去接近？"于是就指着歌女中长得最漂亮又唱得最好的一个说："她接下来唱的如果不是我的诗，我这一辈子从此就当作输给你们了！但如果她唱的是我的诗，那你们就乖乖给我下座，正式拜我为师！"

须臾，次至双鬟发声，则曰："黄沙远上白云间，一片孤城万仞山。羌笛何须怨杨柳，春风不度玉门关。"涣之即揶揄二子曰："田舍奴！我岂妄哉？"因大谐笑。诸伶不喻其故，皆起诸曰："不知诸郎君，何此欢噱？"昌龄等因话其事，诸伶竞拜曰："俗眼不识神仙，乞降清重，俯就筵席！"三子从之，饮醉竟日。

等啊等，等到那个梳着双鬟的歌女开唱，一开口唱了王之涣最有名的《凉州词》，王之涣乐得嘲笑其他两人：“你们这两个乡巴佬，我难道会错吗？”三个人因而大笑。那些歌手乐手听他们大笑，起身问：“不知道各位为什么乐成这个样子？”王昌龄他们说了原因，歌女一听赶紧拜下：“我们真是没有眼光，竟然不认识几位神仙，拜托委屈各位过来跟我们坐一下吧！”三个人答应了，一起喝酒喝到大醉。

08

近世宫廷音乐的没落

这应该是编出来的故事，现实上没那么巧。然而晚唐流传这样的故事，表示那是他们认定在那样的音乐歌诗环境中可能发生，甚至应该发生的事。故事中清楚表现了音乐很普遍很发达，不过主要还是宫廷中的娱乐，即使以诗入歌，诗人文人还是欣赏者的角色，和音乐没有直接的关系。

盛唐是这种情况。中唐有了刘禹锡，他搜集民间音乐，作了一系列《竹枝词》。另外有白居易，他写过一首《夜琴》：

蜀桐木性实，楚丝音韵清。调慢弹且缓，夜深十数声。入耳淡无味，惬心潜有情。自弄还自罢，亦不要人听。

诗中反映了弹琴的优游心态。选择“蜀桐”，看重的是木头实在；选择“楚丝”，因为可以让声音清澈。在夜里弹奏，弹出缓慢空疏的音乐。这种音乐听起来很淡，情感、意味不外露而深潜。自己弹琴，爱弹就弹爱停就停，完全没有要给别人听的意思。这样就是文人而非乐师、乐匠对音乐的态度。

从这样的变化可以更清楚地明白近世音乐的特色。宋代之后，宫廷音乐的水平大幅下降，愈来愈糟，相对也就愈来愈不重要了。南宋大词人姜夔能自谱新曲，他曾经写过一篇很有野心的文章，叫《大乐议》，这是要上给皇帝的奏议，主张应该设法恢复唐代的那种辉煌“大乐”，也就是宫廷音乐。文章中他既感慨又愤怒地描述了北宋以来宫廷音乐的没落，编制没有人维持，演出水平低下，宴乐让人听了感到尴尬。对他来说，是有宫廷却没有宫廷音乐，没有像样的宫廷音乐还能算是宫廷吗？悲哀的是，《大乐议》呈上去之后，也没人理会，没有产生任何效果，就只留下了这么一篇文章。

不过宫廷音乐没落却不等于音乐没落，而是近世音乐的表现形式不同了，出现了两个变化发展的方向。其中一个就显现在姜夔身上，文人和音乐的关系比从前来得密切。过去诗人写诗固然需要讲究音乐性，但那基本是语言上的音乐性，而且已经产生了近体诗严格的声韵规律，遵循规律就能写出有音乐性的诗，诗人本身不需要了解音乐，也不必自己去创造作品的音乐性。

宋朝流行“词”，是可以配合音乐唱的歌词。之所以不说“写词”而说“填词”，是因为词有词牌，词牌代表一个特定的曲调旋律，必须依照曲调旋律写句子，长句不能写短，短句不能写长，声音稍有错失唱起来就难听，或者让人听不懂。词和音乐之间的密切关系远远超过诗。

09

只给自己听的音乐

宋代将写词的人分成三个等级。最低等是“依句填词”。也就是用写诗的方式填词，不懂也不管曲调旋律，只记一句几个字，哪个字该是平声或仄声，哪句该押韵，这样填词。第二等是“按箫填词”。宋代唱歌时最常见的伴奏乐器是箫，听到箫吹出的音乐，可以依律填词，也就是知道如何配合旋律安排词句声调，并按照节奏调整字词轻重。最上等的是像姜夔那样的人才，可以“按调填词”，指的是他们选一个调，自己新创一段旋律，也就是自创词牌，再用那个词牌来填词。他们实质上是具备作曲能力的音乐家。

文人通过填词或其他方式接触音乐，也就有自身一定的倾向。“琴”成为文人音乐的代表，彰显了宋代以降的“琴”主要是独奏乐器，不是用来伴奏或合奏的。如同前面白居易的那首《夜琴》中说的，那是自己演奏给自己听的音乐。不是为了表演，不是为了取悦别人，演奏者同时也是倾听者，连听的人都不要了，当然更不会去参加合奏。

不设听者的音乐，用来抒发演奏者内在的独特感受，因而如果有人能听进去，那就必然是“知己”，和自己有同样特殊感受并产生特殊感应的人。于是不设听者、不为听者而演奏的音乐就具备了一种潜在的功能——传递私密心声与思想给极少数能接收到的人，在茫茫人海中找到“知音”。音乐不为“听众”而奏，只能为“知音”而奏，这才是真正的音乐，值得文人追求的音乐。

因此，近世的中国音乐达成了一种与人之间的内在亲密。音乐和演奏者的人格、生命分不开，什么样的人在什么心境下就会演奏出什么样的琴音，没有客观的音乐，音乐不可能脱离特定的人格与生命而存在，音乐也因而是透明的，必然蕴藏并表现背后的人格与生命。

“琴”是如此，“棋”“书”“画”也是如此。文人文化将它们都内在精神化了，从而借由琴棋书画的活动，形成、培养文人自我的内在精神。

理解了这样的特性，我们可以回头再看一看前面提到的记谱问题。为什么中国音乐没有发展出有效、方便的记谱法，让这些音乐可以在演奏的瞬间存在之外，得以借乐谱留传和重现？恐怕不单纯是没有找到好的方法，而牵涉到更深层的价值观上的不重视，甚至是抗拒。音乐和个人有那么密切的关系，俞伯牙与钟子期的故事中，演奏者心里想着山和水，都会演奏出不同的音乐，只对他自己和“知己”“知音”有意义，那要乐谱做什么？音乐何必要让别人演奏呢？于是我们明白了，中国音乐记谱的关键问题不是“不能”，毋宁是“不为”，在文人文化的价值观中，没有将音乐记录下来重现的强烈动机。

10

从文人雅趣到市井生活

宫廷音乐式微后，文人音乐兴起，“琴”成了独立的一种“有意义”的音乐，于是也就和其他乐器区别开来，自成一个范畴。相应的，其他诸如琵琶、二胡等乐器则保留为表演的工具。

原先在宫廷音乐中扮演重要角色的这些乐器，近世之后就被用来演奏市井音乐、世俗音乐。随着城市的快速发展和城市生活娱乐需求的增加，商业性的表演活动大幅增长，于是音乐就有了愈来愈强烈的城市商业性质，与歌唱、戏剧发生愈来愈密切的混同、合作关系。

据史料统计，唐朝时人口超过十万的城市有 11 个，到了北宋，这个数字快速增长到超过 40 个。其中最大的城市是汴梁，人口应该超过百万。人口的聚集影响、改造了社会生活的样貌，活络的程序交易促进了普及的货币经济，于是表演有了人群方便聚拢作为市场，又有方便的货币可以收费。音乐与歌唱、戏剧的演出也就能从宫廷中脱离出来，形成了商业性的活动。

北宋的城市生活中，“瓦舍”和“勾栏”愈来愈重要。“勾栏”指的就是舞台，而“瓦舍”也就是我们今天所说的表演厅。《东京梦华录》中记载了汴梁最大的“瓦舍”容纳了13个“勾栏”，其中最大的“勾栏”，舞台边最多可以容纳一千人。那个时代的表演规模已经很惊人了。

“瓦舍”与“勾栏”的发展，进而改变了音乐演出的形式。西方音乐早期最重要的两个演出环境，一个是宫廷，一个是教堂，这两个地方牵涉到世俗和神圣的权威，其共通点是都具备特殊的条件可以让人安静下来。所以，音乐应该在安静、专注的情况下演出。建立了这样的习惯，即使后来音乐离开了宫廷和教堂，转而进入新兴中产阶级的生活里，他们仍然保持习惯，在沙龙中基于对主人的尊重，安静听音乐；到建造了专业的音乐厅，也连带形成了专业的规范，要求观众安静。

宋代的“瓦舍”“勾栏”可不是这样，那是众人聚集不断发出各种声音的环境，音乐必须和这些嘈杂的声音竞争、对抗。于是一来只有音乐不足以吸引观众的注意力，不只要唱，还要有动作，“无歌不舞”，边唱边演，边唱边跳，如此促成了近世剧场中音乐、歌唱与戏剧的细密、精巧融合。二来为了控制场子，就必须让音乐有较大的音量。乐器中音量比较小的，就逐步让位给音量较大的。音量最大最清楚的显然是打击乐，所以锣鼓点就脱颖而出，变成了中国商业演出形式中的实质核心。相对地，音量最小的弦乐，不只数量要增加，而且主要运用在“文场”，也就是那种确定观众已经能够安静下来，可以表现情感的段落。

11

音乐与戏剧的逐渐融合

宋代开始发展出“杂剧”，到了元代大盛。“杂剧”之“杂”，在于混合了好几种形式。不同的表演形式起初是轮流上场的，最前面有“艳段”，接着是“正杂”，然后是“散段”。

“艳段”最早是杂耍，取其热闹，得以将观众吸引进来，后来演变为大型歌舞。这样安排主要是那个时代没有准确的时间观念，要让观众陆续进场，进来先看这些没有情节顺序，也就可以随时观赏的表演。

然后是“正杂”，有歌有舞有戏。戏剧有情节，要引人入胜当然得靠情节前后连贯，但在那样的环境条件下又产生问题：如果有人迟到就看不完整了，甚至就看不懂了。一种解决的办法是迟到就不要进场了，但在没有普遍严格计时工具、缺乏共同时间观念的社会里，这种办法不容易行得通，就要找别的办法。

所以会有“散段”，是独立于正戏之外的诙谐、搞笑的段落，在最后上演。这样可以让晚进来的人有理由坐下去，为了等着看“散段”，不会因为正戏看不完全、看得迷迷糊糊就不愿看了。还有一种更有效的方法，是做“定目剧”，也就是同样的剧情反复搬演，重点不在剧情的悬疑跌宕，即使知道剧情内容的人，都可以为了歌舞或其他原因，再看第二次、第三次。当他看第二次、第三次的时候，也就不会去计较是不是错过开场，到底从哪一段看起了。

要让知道剧情的人还想再看，那就要有精彩的歌和舞，就要有舞台上的明星，由此激发了中国近世社会辉煌的“戏曲”表演风格与文化。

“戏曲”的原则就是“有声皆歌，无动不舞”，尽量将声音和动作都美学化、技巧化，和日常语言行为区别开来。用特殊的音调说唱，做平常不会有的特殊身段动作。如此增加戏剧的内容，甚至转而成了戏剧的主要吸引力所在，摆脱了对于剧情的依赖，一方面不需要编那么多不同的剧情，另一方面增加观众进场观赏的多元动机。

“戏曲”复合形式成了主流，相对地，纯粹的音乐，诉诸听觉的艺术，在近世中国社会就停滞了，只保留在文人文化的琴音中，仅有少数人传承，也刻意强调只有少数人能理解。大多数人接触乐器产生的声音，都是通过戏曲。“音乐”这个概念，要等到近现代时期受到西方外来文化冲击影响之后，才重新定义和建立。

第 六 讲

棋——
无关胜负的游戏

01

围棋进入文人教育

中国中古时期的贵族文化，在世族没落后，一部分由皇家继承独占，到了近世之后，逐渐“由官入民”，进入民间。“由官入民”的一个关键，是科举所形成的文人集团以及这个集团高度的阶级流动性。很多人借由科举进入这个集团而得以参与这样的文化活动，学习文化内容。“由官入民”的另一个关键，则是热闹的城市商业环境，让一部分人可以通过商业渠道，占有这些过去由朝廷或贵族独占的文化活动、文化内容。

唐朝宫廷里有一个“内文学院”，“文”指的是文化，即人应该具备的人文修养，“内”则强调特别针对“自己人”。皇帝的“自己人”，那就是宗室子弟。所以这是特别为宗室子弟设立，让他们能具备基本人文修养的学校。“内文学院”里有些特殊的教育项目，除了“经”“史”之外，还有“书”“画”和“棋”。在这里，“棋”指的是我们今天所说的“围棋”。到了唐朝，“棋”就已经被确立为宫廷教育的一个项目，而且是颇为重要的项目。

《新唐书·李泌传》中有这么一段记录，唐玄宗开元十六年，即公元728年，农历八月五日，这天是皇帝的生日，举办了一个特别的活动，找了一些人，让他们在一个高台上高谈阔论，就佛、道、儒的理论主张提出解释，彼此辩难，类似自由形式的辩论大会。朝廷里有权有势的王公大臣在台下当观众，也当评审，甚至连皇帝也在。

这场高台辩论会上出现了特殊景象，来参加的人中，最年轻的，应该说最小的，是只有九岁的员俶。然而论辩下来，竟然是这个才九岁的家伙口才最好。于是就得到了皇帝亲自召见的荣宠。皇帝对员俶赞誉有加，称许他年纪那么小竟然已经知识渊博而且懂得有效表达，顺道问：“有别的小孩像你这么厉害吗？”这本来应该是皇帝的一种赞誉表示，不料员俶却认真地跪拜回答：“有啊，我表弟李泌才七岁，就比我厉害。”

这当然引起了皇帝的好奇，就叫李泌进宫。李泌进宫时，皇帝当然不会郑重其事，而是一边和燕国公张说看人家下棋，一边见了李泌。皇帝就叫张说出题，考考这个小孩是不是真的有本事，张说就叫李泌用“方圆动静”作首诗。

李泌领了题没有马上回答，问张说可不可以把题目说得详细清楚一点。张说大概觉得小鬼头哪有什么能耐，就立即示范了答题的方式：“方若棋盘，圆若棋子，动若棋活，静若棋死。”很显然，题目就是从棋局里来的。弄明白后，李泌立刻回应了四句："方若行义，圆若用智，动若骋才，静若得意。"张说的四句讲棋，李泌的四句却是讲人，做事情要有原则，要能灵活运用知识，表现才能时当然要动，然而有了成就时却应该沉稳安定。

能即席作出这四句，的确厉害！张说就向皇帝庆贺得到了这样一个神童人才，皇帝也很高兴，给了一句评语："这个孩子的精神年龄，超过他的身体成长啊！"于是给予奖励，又特别吩咐家人要好好照顾、栽培这个小孩。

02

王积薪闻棋的故事

这个故事鲜活地说明为什么在“内文学院”里，“棋”会是重要的教育科目。因为“棋”具备高度象征意义，“方”“圆”“动”“静”都包括在里面。这个故事同时也显现了到唐朝时围棋的形式就已经固定下来了，和我们今天所用的没有太大的区别。

中国围棋的棋盘，是从“十一道”，也就是纵横各十一行开始扩张的。到唐朝就扩张到“十九道”，也就是今天所使用的十九乘十九的规模。棋盘一定是方形的，重要的是到这时候棋子已经变成圆的了。汉代扬雄《法言》里的记录是“断木为棋”，将木头削切了就可以当棋子用。围棋棋子的作用在标示、占据位子，究竟什么形状其实没差别，然而在历史的发展中，慢慢地有了将棋子磨圆的做法，因为“方”与“圆”的巧妙对应，后来就让棋子固定为圆形了。

李泌入宫时，皇帝和燕国公观看的很可能是“棋待诏”在对弈。这是唐玄宗时设立的一个官职，其职务就是陪皇帝下棋或下棋给皇帝看。“棋待诏”的官品不高，是九品，但如果皇帝爱下棋，就可以常常见到皇帝，产生影响。原先以“棋待诏”进宫的王叔文，就是懂得把握机会，平步青云，最终当上了宰相。

王叔文靠当“棋待诏”崛起，显然棋应该下得不错，不过当过“棋待诏”的诸人中，棋名最盛的首推王积薪。据说他之所以叫“积薪”，是因为小时候既灵巧又勤劳，砍柴的时候一下子就在身边堆起砍好的木头，明显地领先其他一起砍柴的人。

王积薪是个棋痴，即使考上“棋待诏”，还是常常拿一个装了棋子和棋盘的皮囊跑出去，到处找人下棋，如果有人能下赢他，他就给人家钱，或是请人家吃饭。

《太平广记》从薛用弱的《集异记》中收录了一个故事：

玄宗南狩，百司奔赴行在，翰林善棋者王积薪从焉。蜀道隘狭。每行旅止息，道中之邮亭人舍，多为尊官有力之所先。积薪栖无所入，因沿溪深远，寓宿于山中孤姥之家。但有妇姑，皆阖户，止给水火。

“安史之乱”发生后，长安沦陷，唐玄宗仓皇出走，朝廷官员必须想办法跟着上路。那时候王积薪的职位是翰林。从关中进入四川，道路狭窄艰难，遇到要停下来休息时，官位比较高的就先抢占了正式的驿站旅店。王积薪没地方住，只好沿着溪水一直走，找到山里一个老太太家，家中只有婆媳两人，也无法提供什么招待，只能提供水和可以用来烧饭的火而已。

才暝，妇姑皆阖户而休。积薪栖于檐下，夜阑不寝。忽闻堂内姑谓妇曰："良宵无以适兴，与子围棋一赌可乎？"妇曰："诺。"积薪私心奇之：堂内素无灯烛，又妇姑各在东西室。积薪乃附耳门扉。俄闻妇曰："起东五南九置子矣。"姑应曰："东五南十二置子矣。"妇又曰："起西八南十置子矣。"姑又应曰："西九南十置子矣。"每置一子，皆良久思唯。夜将尽四更，积薪一一密记，其下止三十六。忽闻姑曰："子已败矣，吾止胜九枰耳。"妇亦甘焉。

夜深了，婆媳都关了门睡去。王积薪只能待在外面屋檐下，一直睡不着。突然听见屋里婆婆对媳妇说："这么好的夜晚，应该找点乐子，可以跟你赌一局棋吗？"媳妇说："好啊！"王积薪觉得奇怪，屋里没有点灯，婆媳的声音又一个在东一个在西，显然住在不同的房间，要怎样下棋？好奇心一起，他就将耳朵贴在门上听里面的动静。

一会儿，媳妇说："我下在东五南九了。"接着婆婆说："我下在东五南十二了。"媳妇又说："我下在西八南十了。"婆婆说："我下在西九南十了。"原来两个人竟然不需棋盘，在黑暗中说出落子位置来下棋！两人下得很慢，王积薪一边偷听一边偷记，到四更才下了三十六手，突然婆婆说："你输了，不过我也才赢了九目。"媳妇也甘愿认输。

积薪迟明具衣冠请问。孤姥曰：“尔可率己之意而按局置子焉。”积薪即出囊中局，尽平生之秘妙而布子。未及十数，孤姥顾谓妇曰：“是子可教以常势耳。”妇乃指示攻守杀夺救应防拒之法，其意甚略。积薪即更求其说，孤老笑曰：“止此亦无敌于人间矣。”积薪虔谢而别。

天明之后，王积薪郑重其事穿好官服向婆媳请教。老太太说：“你随意摆一局棋来看看。”王积薪把皮囊拿出来，在上面摆了自己毕生所学过的最巧妙的棋局。才摆了十几手，老太太就对媳妇说：“这家伙可以教给他一般着法的。”于是媳妇就稍稍说了一些攻守杀夺的方法，也没有讲得很详细。王积薪请求她们多教一点，老太太笑了，说：“光是这样已经在人间没有敌手了。”王积薪诚敬地道谢离去。

行十数步，再诣，则失向来之室间矣。自是积薪之艺，绝无其伦。即布所记妇姑对敌之势，罄竭心力，较其九枰之胜，终不得也。因名“邓艾开蜀势”，至今棋图有焉，而世人终莫得而解矣。

才走了十几步，想要回头再问，原来的那间屋子竟然就找不到了。有了如此神遇，后来王积薪的棋艺真的大进，没有对手了。

他将婆媳夜弈的棋谱背出来摆开，想破了头也终究无法下出婆婆可以赢九目的结果。因为是在蜀得到的棋谱，他就用了三国时邓艾的典故，将这局棋取名为“邓艾开蜀势”，棋图留着，但没有人能解出下法来。

03

围棋十诀的理论

在王积薪身上附丽这样的神鬼故事，主要因为他的确有棋史上的特殊地位。他是最早写棋谱的人，还写了《棋经》，教人家如何下棋。有一份重要的“棋诀”，据说也是他制定的。那是下围棋的十项要诀，至今许多围棋老师都还教，许多下棋的人也会加以参考。

十诀分别是：第一，“不得贪胜”，下棋不要单纯为了求胜，不要抱持那么重的胜负心，老是想赢棋就下不好。第二，“入界宜缓”，要进入别人已经围起来的空间，不能急躁，要沉稳。这就联系到第三项，“攻彼顾我”，不能眼中只看着要如何攻击对方，如何抢占别人的空间，一定要同时看清楚，对方是不是布了什么局，可能对你产生怎样的威胁。

第四，“弃子争先”，如果能够抢得先机，取得主动，逼迫对方跟随反应，那就不要吝啬已经下在棋盘上的子，宁可让对手吃掉，换来牵着对手走的优势。相关的轻重判断还有第五项“舍小就大”，棋盘中一定会分成几块区域，能够在大的区域得好处，就不要斤斤计较小的区域。

第六，“逢危须弃”，也就是不要勉强去救已经被包围的很危险的区域，要懂得适时放弃，到别的地方另起炉灶、另占地盘。第七，“慎勿轻速”，下棋最忌讳求快，下得快就必然容易轻忽，没有考虑周详。围棋有太多可能性，所以需要许多思考，愈是高手对弈往往愈下得慢，不时会陷入长考，以至于职业棋赛都要计算时间，将分配的时间用完，就必须在一分钟内下一个子，也就是这里说的“速”，而这样下快棋的一方也就很难赢棋了。

第八是“动须相应”，下棋不能只有单一目标，那是动态的过程，后面下的必须和前面下的有所配合、有所呼应。第九和第十都是衡量对手实力选择策略的原则，“彼强自保”，如果对手明显比你厉害，那下棋时就尽量采取守势，不要轻易地进攻，先守住了少输一点，也许还有一点机会靠对方犯错而取胜；“势孤取和”，如果盘面中间位子已经被对方站稳了，自己的区域被分隔孤立，那就别再想取胜了，而是朝着如何争取和局来考虑，懂得判断如果不能赢，还有机会争取不输。

这十条原则，每一条都在讲如何下棋，但同时每一条都可以拿来运用在下棋以外，应对人生的许多境遇与状况，即使对不下棋的人也有提醒、警示作用。

从王积薪以后，棋从当下、现场的活动延伸出来，可以记录，也就可以谈论。下棋这件事从原本只是即时发生，变得超越了现实时间，具备了永恒的性质，不受下棋的场所限制，可以在不同时间不同地方被拿出来研究，也可以在不同时间不同地方由不同的人续下，从而改变原有的下法。

04

刘仲甫与《棋诀》

从唐朝开始，围棋不只是游戏，而具有更丰富的意义。连带着也就开始有了围绕围棋产生的种种传说，更增加了围棋的神秘感以及从神秘感而来的分量。

后世流传了一个虬髯客和李世民下棋的故事。据说虬髯客原本是隋末的一位侠客，认识了晋阳县令刘文静。刘文静和李世民关系密切，两个人常常关起门来讨论当时的天下大势。因为怕人家偷听，就假装两人在下棋。

有一天虬髯客去找刘文静，央求他代为引见李世民。刘文静就问李世民："还有个人想跟你下棋，可以吗？"李世民答应了。于是虬髯客来了，和李世民对坐下棋。一开始，虬髯客就将四个黑子放在四方的三三星位上，然后说："老胡子我四子定四方。"李世民持白子，下在正中央的“天元”上，然后说：“小子我一子定天下。”如此简单下完，虬髯客就表示拜服，打消了自己想要在隋末乱局中争雄的念头，甘愿追随李渊和李世民父子。

这当然不是真正的棋局，而是用棋局来做比喻，表达自己的看法。杜甫《秋兴八首》其中一首：

闻道长安似弈棋，百年世事不胜悲。王侯第宅皆新主，文武衣冠异昔时。直北关山金鼓振，征西车马羽书迟。鱼龙寂寞秋江冷，故国平居有所思。

诗中开头就用下棋来比喻时局，形容其难以捉摸，百年之中，就像原先白子所占的地方，都变成黑子的了。要表达人生、时局难以控制，最适合以围棋做比喻，因为围棋的变化可能性最多，几乎无法估算。

唐朝有王积薪，宋朝也有大棋手刘仲甫。刘仲甫是另一个棋痴，人生最大的志愿就是考上“棋待诏”。到了宋朝，考试制度愈来愈完备，所以连“棋待诏”也有正式的考试。而且就像科举中的所有项目一样，要考“棋待诏”的人也大幅增加，很难考取。

刘仲甫想知道自己的实力究竟如何，是否达到足以考上“棋待诏”的程度，就特地前往极为繁荣的大城市钱塘，在街市上摆摊，故意在摊前挂了一个牌子，嚣张地写着“天下第一棋手刘仲甫”，再将身家财产换了三百两银子，买了价值三百两的酒器放在那里，表示谁有本事能下赢“天下第一棋手”，就可以将三百两带走。

摆了十几天，都没遇到能赢他的。钱塘市里起了骚动，有好事者就去找了一个公认最会下棋的人，聚资帮他准备了三百两，表示也不占刘仲甫的便宜，要去跟他对赌，输赢三百两。两人开始下棋，下到五十几手，刘仲甫已经屈居下风，下到一百手，来挑战的这个人已经得意地说："局势已定，不用再下了。"刘仲甫却说："胜负未卜，胜负未卜。"又多下了二十手，刘仲甫突然举起手来，一下子将棋局打翻了！

四周围着那么多人看，当然为之哗然。怎么可以没风度到这种地步，觉得局势不利，没有等到下完竟然就翻棋？输不起耍无赖吗？刘仲甫解释自己绝对不是输不起。然后他拿了棋盘，从到钱塘之后的第一局开始摆起，从第一手下，一路下，下到自己赢的地方。再摆第二局，从第一手开始，下到对手输的地方。就这样，将之前十几盘棋记得清清楚楚，分析得头头是道，而且借由这种方式证明自己绝对不是要悔棋而打翻棋盘。

他当然有本事可以将刚刚的那一盘棋原原本本摆回来，然而他说："你们都以为我输了，但我知道我能赢，你们有人能想出我可以赢的下法吗？"周围的人七嘴八舌给意见，等有意见的人都说完了，他将棋子下在没有任何人说到的位置，然后清楚预言，二十手之后是关键。

两个人继续下棋。果然下到二十多手后，棋局逆转，终局刘仲甫胜十三目。真的很传奇，两个人下了一百二十手左右停下来，下到一百五十手左右，竟然还有一方能大胜十三目，以我有限的棋力怎么想都想不到如何有可能。

刘仲甫留下一本书，也叫作《棋诀》。书名和王积薪的一样，但刘仲甫在书中有一个开创性的写法。他将书分成四章，分别是“布局”“侵凌”“会战”和“取舍”。标题上就显现得很明白，他用的都是军事上的术语。宋代另外一位棋士张拟则写了《棋经十三篇》，除最后一篇“杂说”之外，其他每篇的篇名都是从《孙子兵法》上引用过来的。

宋朝新的流行趋势，是以军事、兵法来比拟、讨论、理解下棋。

05

宋代的围棋诗

参与宋代开国的宋太宗喜欢下棋，影响所及，很多大臣也下棋，在文人圈广泛流传，就使得棋的意义更为宽广也更为深远。宋诗中有一项唐诗比较少见的题材，就是关于下棋。

比如王安石写的诗：

莫将戏事动真情，且可随缘道我赢。战罢两奁收黑白，一枰何处有亏成。

下棋不过就是游戏，不要那么认真，只是依照规则说我赢了。下完棋不就是把黑白两种棋子都收回棋盒里，有谁多了一颗，谁少了一颗吗？再看看棋盘上，真的有哪里多了一块，哪里少了一块吗？

下棋都说胜负，但棋最大的特色就是下完了重回原状。棋局中吃了多少子，又怎么样呢？终究还是黑子归黑子，白子归白子，盒子里不多不少。棋局中说这块我的那块你的，占了还是失了，但下完看看，棋盘不还是那个样子，十九条横线，十九条纵线，整整齐齐，有哪里被占走拿走了吗？所谓输赢，不过就是依照棋局中的俗念说说罢了。

王安石很豁达，看到了棋局的游戏本质。然而诗中第二句“道我赢”三个字，毕竟还是表露出了王安石好胜的本性。他是多么好斗不愿输啊，要不然也就不会围绕着他发生北宋最严重的“新旧党争”了。这首诗是以“我赢”的状态为前提写的，意思是你们觉得我赢了所以计较、不舒服，何必呢？实际上我也没多得一颗子，也不可能真的拿走一块棋盘，你们就看开点吧！这是要人家看开的豁达，而不是自己输了就输了，没有什么好在意的那种豁达。

据说王安石最喜欢和叶致远下棋。叶致远的棋力比王安石高一点，但他有一项美德，如果自己占了优势，局面上看起来王安石要输了，他就会找借口对王安石说：“宰相，今天就下到这里吧！”王安石每次都会拒绝，强调：“头可断，棋不可断！”那就继续下吧，当然结果就是王安石输了，于是王安石就故作无奈感慨：“人为什么下棋呢？不是有点闲暇要让自己放松休息一下么，结果却愈下愈烦恼啊！”

王安石写过一首很长的古诗，超过了一百句，标题是《用前韵戏赠叶致远直讲》，诗中很大一段内容就是在讲棋，可以名列谈棋的文学作品中的经典。

苏东坡也留下过以下棋为主题的诗作，不过他明白讲自己不爱下棋，而爱看人下棋。他写了《观棋并序》，这首诗采用了古体的四言形式。

五老峰前，白鹤遗址。长松荫庭，风日清美。我时独游，不逢一士。谁欤棋者？户外屦二。不闻人声，时闻落子。纹枰坐对，谁究此味。空钩意钓，岂在鲂鲤。小儿近道，剥啄信指。胜固欣然，败亦可喜。优哉游哉，聊复尔耳。

诗所描述的情境甚至不能说是“观棋”，而是独自走在路上，听见人家在屋里下棋落子的声音，到底是谁在下棋呢？唯一能看见的，只是门外的两双鞋，并从这样的情境中体会出弈者的心态——“胜固欣然，败亦可喜”。

06

围棋棋艺的品级

棋进入文人文化的另外一项发展，就是将重新整理的棋的系谱，与过去文献中和棋有关的内容联系起来，重新诠释其意义。

《孟子·告子》中这段被凸显了：

> 今夫弈之为数，小数也。不专心致志，则不得也。弈秋，通国之善弈者也。使弈秋诲二人弈，其一人专心致志，惟弈秋之为听；一人虽听之，一心以为有鸿鹄将至，思援弓缴而射之，虽与之俱学，弗若之矣。

下棋只是小道功夫，但如果不专心，就下不好。战国时，有一个大棋手弈秋，如果让弈秋同时教两个人下棋，一个很认真地听弈秋教的，另一个一边听却一边想天空里可能要飞来大雁，想象自己拿着弓，对着雁射出绑了绳子的箭，用这种方式来猎鸟。那么毫无疑问，两个人学下棋的成果一定很不一样，同时学同样教，但后面那个就不如前面的，专心的一定学得比不专心的好。

这里特别凸显出来的，是围棋规则格外简单，任何人都不需要费脑筋就能学会，然而即使规则如此简单，而且纯粹是游戏，要能进步并下得好，都必须专心致志，以下棋来推想人生中的其他学习和能力训练，那就更不能忽略专心致志的作用了。

到了魏晋时期，“九品中正制”大为流行，“九品”成了品评人才的惯例，也就有人将下棋的能力同样分为“九品”，影响所及，到今天职业棋手的品级也还是从一段排到九段。到了近世文人手中，又将这种品级观念予以扩大，从单纯的棋艺发展为广义的人格与文化价值。

明朝许仲治的《石室仙机》解释了“九品”的其中七品，第八品“下中”、第九品“下下”等级太低，所以省略过去。第七品“下上”是“斗力”，“受饶五子，动则必战，与敌相抗，不用其智而专斗力”，和最上等的棋力相差五子，人家得让你五子才能下，眼中看的都是要进攻对方，没有远见智慧和布局的能力，对手下到哪里他就专门跟着斗到哪里。

第六品“中下”是“小巧”，“受饶四子，不务远图，好施小巧”，差了四子的功力，下棋有小聪明，不会直接争斗，但只能往前看几手，没有耐心算到更后面的可能变化。第五品“中中”是“用智”，“受饶三子，未能通幽，战则用智以到其功”，棋力差三子，熟习一般规则的运用，能在其中灵活聪明地安排，收到一定的效果，不过不懂得运用出奇制胜的手法。

第四品“中上”是“通幽”，“受高者两先，临局之际，见形阻能善应变，或战或否，意在通幽。”棋力差两子，具备在下棋现场即兴变化的能力，不会拘泥于一定的布局下法，看对方如何下而随机应变，有时候攻有时候守，让对手无法捉摸。第三品“上下”是“具体”，“入神饶一先，临局之际，造形则悟，具入神之体而微者也。”棋力只差一子，看到棋局就能领悟棋的基本势态，已经具备了第一级棋手的“体”，也就是走上了对的路，但还没有累积足够的功力，算是小一号的一等棋手。

第二品“上中”是“坐照”，“入神饶半先，则不勉而中，不思而得，至虚善应。”和最高等级只有半子的差距，下棋可以不用殚精竭虑，用直觉就能下到对的位置上，不必算就能得到优势，没有先入为主的下法，潇洒地临场应变。

最上等的第一品是“入神”，“变化不测，而能先知，精义入神，不战而屈人之棋，无与之敌者。”就真的是神算，下棋随时都能预见棋盘的变化，一股精神的力量灌注在他所下的棋上，使得对手似乎感受到巨大压力，还没下就先输了一截，因而没有人能下得赢他。

07

不只是好玩

法国结构主义人类学家克劳德·列维－斯特劳斯（Claude Levi-Strauss）在分析食物时特别强调，不同的文化对于哪些食物可以吃、哪些不能吃，什么食物应该和什么食物一起吃或绝对不能一起吃，什么场合和什么人在一起适合吃什么食物，都有特定的观念与规定，这说明社会文化对待食物不只讲究好吃，更要求 good for thinking。

我们可以借用来说，中国文化中的围棋不只是要好玩，更重要的是要思考。有很多好玩的游戏，如果以利于思考的标准来衡量，那么在文人心中就没有任何游戏可以和围棋相比了。针对围棋，文人建构了众多的联想与隐喻，使得围棋和例如麻将明确地区别开来，附加了一层又一层不断堆栈、不断增长的意义。

德国哲学家席勒（Friedrich Schiller）曾经以信件的形式表达过关于美学教育的重要观念，其中最响亮的一句名言是："人只有当他在游戏的时候，才有机会变成一个完全的人。"这句话特别凸显游戏的重要性。对席勒来说，游戏最重要的特性就是"无目的"，或者说游戏本身就是目的，而不是达成其他目的的手段。游戏一方面是无用的，然而另一方面，游戏却会激发出我们最大的热情，在游戏中释放出专注的身心能力。

席勒强调游戏有一种"形式之美"。在这里他提出的概念是追随康德而来的，比如在我们眼前有一块花纹极其繁复华丽的波斯大挂毯，和欧洲中世纪挂毯最不一样的地方，在于我们不会从花纹中看到一个少女、一只独角兽、一座宫殿或一池喷泉。但我们会因此而觉得波斯挂毯不美吗？不，我们一定能够感受到其中和具体事物形象很不一样的一种美，那就是"形式之美"，一种脱离现实而彰显出来的纯粹形象之美。

游戏也是如此。应该说有一种游戏，远离现实，没有任何用处，因而所提供的就是这种"形式之美"的经验。我们在这种游戏中能够得到抽象的、纯粹的美的体验，那就成为最好的美学教育了。

20 世纪最伟大的德国小说家赫塞（Hermann Hesse）晚年最重要的经典作品《玻璃珠游戏》，就是依据席勒的理论，虚构假想了一种流传久远的游戏，能够让人不只探触到美，甚至因为其巧妙脱离现实、趋近自然理性的性质，还可以使人从中领悟哲学与人生真理。

真实世界里存在的游戏，最接近赫塞小说设定性质的，应该就是围棋了吧！围棋也符合席勒对于游戏与艺术关联的一项重点，那就是“不可测”。游戏没有公式，玩游戏的人也不会想要去整理公式，照着公式玩，很快就能预见结果，那有什么好玩的？对席勒来说，艺术之所以为艺术，和其他事物不同之处，就在于一直不断提供“不可测”的变化，一直在追求、创造“不可测”。正因为对于生活中的其他事物我们都要求可测可掌握的安全感，所以特别留下游戏和艺术的领域，提供给我们只有“不可测”才能带来的刺激。

围棋规定黑子白子轮流下，然而棋子下在线条交叉的“目”上，胜负是看所围起来的面积，棋局中任何一个状态，从不同角度都会看出不同的区域包围占据方式，必须借着棋子愈下愈多，空间愈来愈小，才逐渐确定黑白子所占据的范围，这是多么“不可测”的瞬息改变局势的游戏啊！

08

比象棋更高级

除了围棋之外，中国传统游戏还有象棋。相较于围棋，象棋比较晚出现，而且可能是外来的。有考据主张象棋应该是从西域或南亚在唐朝时传入的，至于以我们今天熟悉的模样开始盛行流传，是北宋之后的事儿了。

象棋晚出，而且到了文人文化发达的近世时期才定型，于是就有了象棋步围棋后尘，模仿围棋发展的情况。之前提到王积薪的《棋诀》，到了南宋，出现了“象棋十诀”，具体内容是：第一“不得贪胜”，第二“入界宜缓”，第三“攻彼顾我”，第四“弃子争先”，第五“舍小就大”，第六“逢危须弃”，第七“慎勿欲速”，第八“动须相应”，第九“彼强自保”，第十“我弱取和”。这很明显是将围棋的棋诀照抄过来的。南宋洪迈留下一部《棋经论》，和之前提到的张拟的《棋经十三篇》一样，套用《孙子兵法》的章名。其中一篇是“合战”，这个主题在刘仲甫和张拟的著作中也都有。不过围棋的“合战”讲的是形势，是区域的攻防，换到象棋上，就必须要有所调整，于是前面文字沿用《棋经十三篇》，后面改成：“车前马后，发炮逐卒，如电掣雷轰；炮辅卒行，逼近士象，如狼奔虎跃。”

围棋是抽象的，不需要描述白子黑子，可以从战略角度讨论局势攻防与变化，象棋却不是这样，每个棋子有对应的具体名称与形象，整体的规则落在吃子争胜上，也没有那么抽象。如此对照，显示出围棋特殊之处。围棋棋经虽然讲的是如何下棋，但主词是模糊暧昧的，很容易代换，变成人生中应对其他问题时的态度与策略。象棋相对具体，在这方面没那么容易，显得笨拙，要将车、马、炮转化到别的事务上，受到很大的限制。因而尽管有些喜爱象棋的人，努力想将象棋的地位提升到和围棋一样高，但不太可能成功，不是象棋没那么好玩，而是象棋没有那么丰富的思想延展性。

下围棋的人喜欢引述六朝任昉《述异录》中的故事：

信安郡有石室山，晋时王质伐木，至，见童子数人棋而歌，质因听之，童子以一物与质含之，不觉饥。俄顷，童子谓曰：“何不去？”质起视，斧柯烂尽，既归，无复时人。

故事说晋代王质到石室山上去伐木，看到有几个小孩边下棋边唱歌，他就在那里听。孩子给王质一种东西让他含着，肚子就不觉得饿了。过一阵子，小孩催他："怎么还在这里？还不走？"王质才想到的确该走了，起身要拿斧头，却发现斧头的木柄已经烂光了，回去之后，村子里同时代的人已经都死光了。

这个故事和前面引用的席勒理论有相通之处，那就是游戏使人格外专注，正因为不是功利性的，所以人会在游戏中忘我，同时也遗忘了时间。

相对地，下象棋的人就找到了唐代牛僧儒《玄怪录》中的故事：

有巴邛人，不知姓名，家有橘园。因霜后，诸橘尽收，余有两大橘，如三斗盎。巴人异之，即令攀摘，轻重亦如常橘。剖开，每橘有二老叟，鬓眉皤然，肌体红润，皆相对象戏，身长尺余，谈笑自若，剖开后亦不惊怖，但相与决赌。

有人在自家的橘园里收橘子，霜后其他橘子都采收完了，树上留下两颗特大的橘子，看起来很奇怪，叫人去摘下来打开，每一颗橘子里都有两个老头，白发白眉，但皮肤红润，只有一尺多高，而且两两对坐在下象棋。他们自在谈笑，即使是橘子被剖开了也毫不害怕，继续下棋赌输赢。

赌讫，一叟曰："君输我海龙神第七女发十两、智琼额黄十二枝、紫绢帔一副、绛台山霞宝散二庾、瀛洲玉尘九斛、阿母疗髓凝酒四钟、阿母女态盈娘子跻虚龙缟袜八緉，后日于王先生青城草堂还我耳。”又有一叟曰：“王先生许来，竟待不得，橘中之乐，不减商山，但不得深根固蒂，为愚人摘下耳。”

决出胜负后，其中一个老头说对方输给他包括“海里龙王第七公主的头发十两”等种种仙界里的东西，然后约好以后到“王先生青城草堂”那里算账归还。听到“王先生”，另一个老头就说：“王先生本来答应要来，却没办法留着，待在橘子里的乐趣，可不比住在商山差（让人联想起汉代初年曾经介入皇室继承决策，鼎鼎有名的“商山四皓”），唯一的缺点是挂在树上不牢固，结果被世俗的笨蛋给摘了下来。”

又一叟曰：“仆饥矣，须龙根脯食之。”即于袖中抽出一草根，方圆径寸，形状宛转如龙，毫厘罔不周悉，因削食之，随削随满。食讫，以水噀之，化为一龙，四叟共乘之，足下泄泄云起。须臾，风雨晦冥，不知所在。巴人相传云：“百五十年来如此，似在陈隋之间，但不知的年号耳。”

又一个老头说：“我饿了，来吃龙根干。”从袖子里抽出一段草根，直径大约一寸，根的形状看起来像一条龙，他用刀削那“龙根”来吃，但每削一块，龙根就立刻长回原状。吃完了，用水喷那龙根，竟然就化为一条龙，四个老头一起坐了上去，一下子风起云涌天地昏暗，四个人和一条龙就不知去向了。当地的人传言，这橘子应该是从陈朝与隋朝之间留传下来的，不确定年号，但已经一百五十年了。

虽然象棋不断想要朝围棋的地位攀升，但在文人文化中，两者始终保持了一定的差距。

09

启人智慧的艺术

象棋和围棋地位的差距反映了中国近世文人文化的内在精神。一方面是强调“无用之用”，另一方面又要求具备抽象、普遍、隐喻的启发教化作用。那不是善良风俗的教化，毋宁是提升思考感悟能力的教化。如果缺乏这样的特性，就算本身再好再有价值，在中国文人文化里也不可能占据最高的地位。

“琴”成为音乐的代表，不是纯粹基于好玩或好听的标准，而同样是要有益于思考。文人文化对待“画”也是同样的态度。不是所有描摹外界形象的图像都能被视为“画”，“文人画”才是主流。

我们今天看到近世的“文人画”，尤其是相较于西方的传统绘画，最容易产生的印象就是色彩如此贫乏。有人想当然解释为那是因为中国没有像西方那样发明出油画材料，受限于颜料产制，所以有那样的画风。中国的确没有油画，这是很大的遗憾，最主要的是使得画的保存极为困难，今天难得留下来的几幅宋画，例如收藏在台北故宫博物院的范宽的《溪山行旅图》，为了保护原画，真品很难得拿出来展览，即使有机会看见原画也往往令人失望。你能看到的，基本上就是灰扑扑的一片，上面究竟画了什么很难明白，当然就不可能产生视觉上的震撼效果了。如果真的想看范宽画了什么，可能反而要去找经过计算机处理过的图像，将背景漂白，凸显线条，才能稍稍还原画作的原样。

但这并不表示中国社会没有出产清楚鲜艳的颜料。中古时期流行过“金碧山水”，灿亮的金、浓密的绿，当然要有一定的颜料工艺水平。到了近世，“金碧山水”不再流行，水墨“文人画”成为主流，这显然不是退化，而是不同价值选择后的结果。“文人画”的色彩风格简单，是故意为之，背后有着整个文人文化的关怀与思考。

绘画不是将眼睛所见的如实记录下来，或是去增添色彩或细节，“文人画”的目的毋宁是要借绘画去追摹自然的本质，以及在这种本质状态下，人感知自然，和自然发生的理想关系。那不是写实的，而是主观的，展示的是画者对于自然的心相掌握。那是一种选择的过程，去除不重要的，留下最本质的。

因而绘画的逻辑非但不是加法，相反是减法。如果掌握到的山的本质是“高”，那就在画面上凸显高；如果掌握到的石头的本质是“奇”，那就在画面上凸显“奇”。如何凸显？将不高不奇的省略掉，只留下可以对照显现高与奇的背景与细节。

这样的文人文化价值，特别值得强调与珍惜的，就是重视大脑超过重视感官。感官上的刺激必须经过大脑整理、思考，才能成为有价值的内容。游戏是为了提供娱乐，但在文人文化中，娱乐的价值同样要从这样的角度评断、分类。

分类中等级最低的，是“斗戏”，从斗蟋蟀、斗鸡、斗狗到人与人的搏击互斗。这在中国文人价值之眼看去，是表现动物性攻击冲动的，应该在人文化成过程中被驯化去除。所以这种“斗戏”相应地就被视为“童戏”，还没有长大，没有经历足够人文养成的小孩才会喜欢。如果大人还喜欢这种游戏，那就不对劲了。

稍高一个层次的游戏，是运用身体的动作，例如跑跳、杂耍或武术。这里很大的区别在于实际动作的人和观赏的人，观赏的在地位上是高于动作的。文人能参与的，是作为观赏者，而不是自己去运动。《水浒传》中踢球是个鲜明的例子，高俅为讨好皇帝陪皇帝踢球，从根本上不会是件好事。在这样的价值判断下，中国当然不可能建立良好的运动环境，也不可能鼓励人开发身体运动之美，重视身体线条与动作。

10

文人专享的雅事

等级最高的，当然就是只属于文人，只有文人有能力玩的游戏。《红楼梦》里有一段描述刘姥姥进大观园吃饭，贾母即席就要“行酒令”。贾母的酒令不算高明，但也够考倒刘姥姥让她闹笑话了。行酒令、口占吟诗、即席填词乃至猜灯谜，这些都是文人的游戏，对文人来说，是他们生活中的日常调剂，但对其他阶层的人来说，那就成了他们仿效文人的一种“雅事”。

胡适在《红楼梦考证》中，为了表示过去许多对于《红楼梦》的解释充满主观臆测，举了一个灯谜作比拟。灯谜的谜面是杜甫的一句诗“无边落木萧萧下”，打一个字。谜底是“日”。怎么从谜面猜到谜底呢？看到“萧萧”两个字要联想到南朝宋齐梁陈中，连续两个朝代，南朝齐和南朝梁的皇帝都姓萧。然后再看“萧萧下”，在这两个朝代后面的是“陈”。然后是“无边落木”，将“陈”字左边去掉，再将中间的“木”也拿走，那就剩下“日”了！

很难猜吧！胡适认为要能从“萧萧”联想到两个连续的朝代，根本不可能，出谜的人自己这样想，倒过来猜，别人怎么可能刚好连上这个思路？不过从文人文化的角度看，灯谜的重点、精彩之处正在此。诉诸一般文人的一种教养与思考默契，随时背了许多历史与文学的信息，很自然地往这些共同文化内容中去寻找，世界对他们来说没有像胡适认为的那么大，这个谜题对他们来说也就没有胡适气急败坏要批判的那种荒谬性了。

这不是对一般人开放的游戏，是文人文化中最高等级的思考游戏。文人游戏强调思想的重要性，相对轻视胜负。王安石明明下棋很在乎输赢，然而身处这样的文人文化价值中，他对自己看重输赢的态度感到不好意思，才需要写那样一首诗以自辩，显现他也知道、也相信豁达的态度。

即使围棋传到日本，发展出职业棋士制度，明明白白靠输赢来确定棋士的等级与收入，但在日本围棋史上，吴清源就是比历来所有棋士都享有更高的地位。不是因为他最会下棋、赢的棋局最多，而是他有说棋的能力，扩大解释棋局，发挥棋局的哲学意义，连带所及，让人家觉得他所下的棋，除了输赢布局之外，另有一份非关输赢的美感。

相对地，像林海峰这种棋士，引发的就是矛盾、暧昧的评价。林海峰的外号是“二枚腰”，因为他具备逆转棋局的特殊能力。然而是如何看出他这种能力的呢？有几次戏剧性的状态，明明处于一般棋士，包括特聘来解说的专家都判断应该弃子认输的劣势，林海峰却坚持继续下，竟然能在最后反败为胜。这是传奇的韧性，当然吸引了许多注意与称颂，特别是符合日本传统的坚忍信念。不过从另一个角度看，他也破坏了围棋那种优游、洒脱的风度，在大家都认为已经输了的时候却不认输，还要拉着对手缠斗，显现了太过看重输赢的执着。

当游戏没那么简单时，才进入文人文化，占据了一席之地。

第七讲

书——贯注精神的妙笔

01

中国文字的图像性质

中文是世界上主要文字系统中唯一保留了图像形式的文字。考古发掘中出土的大汶口陶制黑尊上，可以看到可能是最早的文字，有一个代表太阳的图形，底下多了一横，表示太阳往上升的变化，如同今天通用的“旦”字。很多中国字保留了原始的图绘性质，例如“象”字，如果横着放，很容易就看出是依照大象的模样来的，有着明显的象鼻和象腿。

中文保留图像的性质，没有转化为音标，使得中国文字的数量和其他文字系统不成比例。英文总共就只有 26 个字母，整份《纽约时报》再厚重，也找不出第 27 个字母来。但相对的，一份给小学生读的台湾《国语日报》[1]，大概就要用到1000个不同的中文字。至于给大人看的普通书报，不同的中文字大约有2000—3000个。

传统上，中国的小孩花费更多时间和精力学字认字，为此付出了代价。不过换得的是中国文字具备那么多形体上的变化，于是连带产生了特殊的美学表现形式，我们称之为“书法”，“书”就是写，而称“书法”指的是不只从功能上把字写成可以被别人辨认的模样，更多了一份讲究，要写得好看，有时是要写得规矩，有时是要写得美，有时是要写得特别。

西方的字母在印刷术中发展出许多不同的字体，不过每一种字体都只需要设计刻绘26个大写字母加26个小写字母，中文却在书写上很早就发展出至少四种明确的形体变化，展现在经典的赵孟頫《四体千字文》中。四体分别是篆、隶、楷、行，更值得注意的是“千字”，每一种形体，赵孟頫都足足写了1000个字，四体总共有4000个字。而《千字文》是中国近世社会用来教孩子的启蒙教材，1000个字只是教育初期所运用到的。

使用表音文字的社会，绝对无法想象如王羲之《兰亭集序》那样的作品，更无法想象这样的作品会对帝王产生如此巨大的吸引力，致使唐太宗决定将真迹带进坟墓里，为了使这部作品不会因此而失传，在那个没有照相和影印技术的时代，动员了好几位最杰出的书法家悉心摹写，留下了珍贵抄本。

---

[1] 《国语日报》是台湾一份以推行国语、普及教育为宗旨的专业报纸。

02

篆书到隶书的演变

中国文字有很漫长的发展变化，现存最早的文字是刻写在甲骨上的，当时使用的应该是坚硬的书写工具，所以文字基本上是直笔画，少有曲线。比甲骨文稍晚，有了刻蚀后铸在青铜器上的“金文”，因为中国古代青铜器是用铸范法，而不是脱蜡法制造的，所以要先用泥做成一个模型，把要铸在上面的字先写在泥上。这样写的时候，笔尖就不需要那么硬，因而写出来的笔画相对于甲骨文也就比较粗并且有弧度。

著名的散氏盘铭文中，一共出现了13个“散”字，却有8种不一样的写法，可见到这个时候，字的形体尚未统一固定下来，这是金文的共同特色，一个字会出现几种变体。

再往下，书法最重大的变化，当然是毛笔的运用。毛笔应该是在战国时出现的新书写工具，后世相传是秦代蒙恬发明的。其实谁发明毛笔没那么重要，真正关键的是墨的发明与运用。过去要让文字能够存留，都必须用刻蚀的方式，在物体表面凹挖下去，制造出痕迹来。有了墨，才能够在物体表面书写，不需刻蚀，等到墨干了，就能长期保存。这点突破了，才会进而寻找最适合的书写载体和书写工具。

经过多人长时间的试验，终于找到了最好的书写载体——竹简，也就是将竹子削去皮层之后露出的白色部分；相应地，最好的书写工具是既能吸墨，又能随竹子弧面变化的软性毛笔。

篆书虽然由新的工具写于新的载体，字体却沿袭模仿原先刻铸在青铜器上的文字。这种字体没那么容易掌握，和原本的青铜器来源一样，保留了高度的贵族文化性格。秦代之后，建立了早熟的帝国，文字有了新的功能与新的需求，这种贵族化的复杂字体就不适用了。

秦始皇统一六国之后，大力进行“书同文”的改革，将文字彻底标准化，然后将标准化之后的文字运用在帝国的官僚数据记录上。新兴的字体被称为“隶书”，这套文字最初的运用，应该和秦代严刑峻法下被当作官方奴隶送去强迫劳动的人有关。为了避免他们逃跑，必须要有这些人的完整名单，万一他们逃了，也能按照名单追捕。

在秦始皇的疯狂大动员下，需要有人口和户口登记，更需要有“隶籍”的登记。这种名单没法用由金文而来的大篆小篆慢慢书写，于是就产生了可以用毛笔快速写在竹简上的“隶书”。篆书用于正式的记录，例如秦始皇巡行各处竖立的刻石文字，“隶书”则运用在一般登记名册上。

“隶书”最大的特色在于笔画不连贯以及每笔的收尾。那其实是由于当时以毛笔写在弧面竹简的物理条件而自然产生的，后来舍竹简改用平面的纸张，这样的笔画却因具备迷人的形体风格而被保留了下来。

03

行书和楷书的发展

到了魏晋南北朝，进一步有了“行书”。这个字体仍然和书写工具、书写方式有着密切的关系。传统上说东汉的蔡伦发明了造纸术，意味着从此之后，除竹简之外，多了一种书写材质，一段时间后，证明了纸张比竹简更方便好用。

写在纸上的笔触当然就和写在竹简上大不相同了，最主要的是多了转折弯曲的可能性，连带地也就不必再拘泥于一画一画写，而有了连笔的写法。那个时代人一般是坐在地上，靠着矮矮的几，没有我们今天习惯的桌椅，比较接近日本人使用榻榻米的方式。在这样的居住环境中，写字时要一手扶着一块板子，纸摊在板子上，另一手拿笔书写。这样写出来的就不会是楷书，而是没那么方直，且更自由的“行书”。“行书”的形式也就相应催生了追求如同行云流水般的动态美学标准。

和“行书”大致同时发展的还有“碑体”。碑体来自于刻石，这个时期产生了惊人的雕刻艺术，除了刻出形体之外，连带也有将字刻在石上，让文字内容得以不受时间限制，既可永存又可随时展示。不管字原先用什么工具怎么写上去，一定会有刀工刻凿的痕迹，既不同于原先的“隶体”，也和“行书”很不一样。

进入唐朝之后，才有了将“碑体”转写在纸上，讲究方正刚直的“楷体”。正是因为源自“碑体”，所以后世描述楷书写得好的一种惯用形容是“力透纸背”，明明是柔软的毛笔写出来的，却能够写出如同刀刻的效果。楷书之难，楷书美学之重点，都在这上面显现了。

从石上的“碑体”而有纸上的“楷体”，另外由原先的“行书”进一步发展，线条更自由，更脱离了字形的束缚，而有了“草书”。“草”到一定程度，字被解体了，很难还原辨识，看起来像是抽象的纯线条流荡飞舞，然而基于中国文化对于文字的特别尊重，“草书”仍然维持和字的关系，没有脱离字而成为抽象的视觉艺术形式。

到了宋代，中国书法的各种字体基本都成型了。

04

蔡襄如何跻身“北宋四大家”？

在书法史上，有“北宋四大家”的说法，四大家“苏黄米蔡”前面三个分别是苏轼、黄庭坚和米芾。但第四个“蔡”可就有点麻烦了，今天通行的说法是指蔡襄，蔡襄字写得很好，不过来看一下他们出生的年份。苏轼是1037年，黄庭坚1045年，米芾1051年，他们三个人刚好按照出生先后排下来；但蔡襄却比他们年纪都大，出生于1021年。

还原南宋时形成的“四大家”名单，“蔡”显然不是蔡襄，而应该是蔡京。蔡京字也写得很好，不只如此，他还在宋徽宗时期主持编辑在书法史上极其重要的《宣和书谱》。蔡京的年纪刚好比米芾小一点，放在四人中的最后一名也对。

“蔡”原本指的是蔡京，后来却张冠李戴换成了蔡襄，不是基于书法艺术或书法史的标准，而是因为蔡京被视为徽宗朝的奸臣，要为“靖康之难”及北宋灭亡负责，于是连带地就被取消了在书法上的名声。

从蔡襄取代蔡京的变化可以看出两件事。第一是字如其人的观念深入人心，而且愈往后愈强烈。在宋代之前，字写得好不好还可以独立评断，然而宋以下，人们转而相信书法、绘画的成就都反映人品、人格。一直到我在台湾成长的年代，学校教育中都还有书法课，作文也要用毛笔字写，上这种课时老师挂在口头上的训斥之语都还是“心丑字就丑”“字写不好如何有教养”“连字都写不好，将来要当怎样的人”这一类。

蔡襄取代蔡京，一个理由是因为他谈论书法时特别强调“精神”。他的《评书》文章里说：“学书之要，唯取神气为佳。若模象体势，虽形似而无精神，乃不知书者所为耳。”学书法如果只学到字的形体，是不够的，甚至是不对的，必须要掌握形体背后的“神气”或“精神”“气质”，才叫作真的懂书法，真的在学书法。

王羲之的字很美，但你不能光是模仿学习王羲之的字，期望自己写的字能像王羲之的那么美，你必须去领悟、学习王羲之的“精神”。“精神”是抽象的，无法明白解释的，但和人格、个性有很密切的关系。书法的关键不在技术，或者说不能将技术独立出来，光是练技术。如果只是练技术，却没有同时培养和这种字相应的“精神”，那么不管技术再好，终究还是假的，会被识破。

从这样的文人价值观中看去，蔡京就是靠他的字一时骗过了别人，但总是会有被看穿而被降等除名的时候。

05

法帖的大量刻印

第二件事，从反面看，以蔡襄取代蔡京，混淆了“宋朝书法”的时代意义。蔡襄擅长各体书法，篆、隶、楷都写，而且两宋几乎只有他一个人还擅长写小楷字。米芾好说大话，曾经声称别人写字都只有“一体”，唯独他自己有“四面”，然而米芾真正好的还是行草，楷书就差多了，至于他的小楷字，那更是不足以称“家”了。

苏、黄、米、蔡如果加入蔡襄，就失去了一项宋人的特征，本来蔡京完全符合的，那就是四个人基本上都不以楷书闻名，他们不再重视楷书。蔡襄楷书写得好，还能写小楷，代表的是相对比较早的时代，是宋代书体特征出现之前的情况。

苏轼是“宋书”的主要奠基者，他写过一首专门论书法的诗

《石苍舒醉默堂》，中间有两个关键的句子：“我书意造本无法，点画信守烦推求。”这等于是以反书法来解“书法”，真正好的字，不必也不能依循固定的法则来写，如果“书法”的追求在于写出好的、美的字，那就必须脱开“法”，以个性写字，而不是以规矩写字。

在苏轼之前，宋人写字很重视“法帖”。宋代开国之后，社会经济繁荣推动了印刷术的发展，这对于文人文化产生了无法低估的影响。印刷普遍方便了，于是琴有琴谱、棋有棋谱，在书法上相应也就有了“书帖”或“法帖”。宋太宗挂名，以朝廷力量收集了《淳化阁法帖》，大量刻印了前人的书法作品。其中最重要的是“二王”，即王羲之、王献之父子的字。这是最早的书法作品集，在此之后，一路到民国时期裴景福的《壮陶阁书画录》，历史上出现了将近十个有名的法帖，经过印刷后大量流传，作为写书法的人取法、学习、模仿的对象，中国书法从此进入了一个新的阶段。

陈末隋初的和尚智永写过《真草千字文》，“真”指的就是楷体，那是他以两种不同字体抄写《千字文》作为一种修行。为什么是修行呢？因为他不是写一次或一份，而整整写了八百份分赠给许多人。那个时代，多一个人想要得到一份《真草千字文》，就只能叫智永多写一份。但到了宋朝，有这些收集来的法帖，加上印刷术普及，那么不认识智永、没有门道跟他求字的人也有机会看到和拥有《真草千字文》了，更重要的是，不和智永在同一个时代，生活在后世的人也能看到和拥有《真草千字文》了。

还有一项绝对不容忽视的因素，是宋代科举实行“糊名制”，考官无从知道考卷是谁写的，但还是能看见考生的字迹，字写得好坏，一定会影响考官的第一印象，甚至影响考官看卷的心情，自然就促使要考试的人努力将自己的字写好。

于是形成了一种普遍的“临帖”习惯，也就是细心模仿帖上有名的书家写出来的字。“临帖”是近世文人生活中的新习惯，并不是一直都有的。王献之有名的故事是写字用完一缸水，他反反复复写是为了捉摸笔法笔势，但没听说他是看着什么帖写的。那时候就算他想模仿，也没有可以拿来用的书帖。从六朝到唐代，书家字体之间的影响通常是个人关系的延续，例如王献之会受王羲之影响，因为他们是父子。到了唐代，讲究的是“法”，意思是学会一套固定的笔法规矩，而不靠大量临帖模仿。

06

临摹碑帖的弊端

宋代开始具备“临帖”的成熟条件，然而也因此产生了后遗症。欧阳询、柳公权、褚遂良、颜真卿这几位书家的字变成了典范，通过仔细逼真的临摹，大多数人写的字看起来千人一面，字都长得很像，没有个性和差别了。

但不是说字如其人吗？不一样的人却写同样的字，岂不就破坏了这个原则和观念了吗？于是就有苏轼“自造其意”的态度。明代之后的固定评断是“唐人法胜，宋人意胜”，需要了解的是，“宋人意胜”其实是建立在“唐人法胜”的基础上。“唐人法胜”找到了书法的基本原理，几位唐代大书家写下来的字，到了宋代就成了前人遗留的秘诀，可以借由临摹方便学到，但如此一来，大部分的人写字都依照法帖而来，没有了自己的风格。

依法而写的字很快就普遍到令人烦腻的地步了，所以从苏轼以降，就朝相反方向发展。蔡襄仍然相信传统的“书法”，很会临帖，能写唐人式的经典楷书，他的技术好得不得了。然而苏轼的字就完全没有唐人及唐以前人的踪影，更不可能是依照哪个碑哪个帖临摹出来的，他是真正的“一体”，只写“苏体”，那是他精神上的坚持。

苏轼另有一首《孙莘老求墨妙言诗》，诗中说：“短长肥瘦各有态，玉环飞燕谁敢憎。”明白地主张，不同的字体应该有不同的审美标准，就像胖的人有胖的姿态，瘦的人有瘦的姿态，胖的杨玉环很美，瘦的赵飞燕也很美，不能认定胖的才美，或者胖的就一定不美。每个人写自己的字，同时也就产生了对应这种字体的一套标准，而不是运用一套固定的标准去评断所有的字。

宋代文人当然也还是临帖练字，并建立写字的一定章法，只是说他们主张在掌握法度之后，要能够进一步显现个性，认为“个人书法”中应该包含一种自我表达的冲动与能力。

“北宋四大家”中，苏轼和黄庭坚的地位又比另外两人高，一部分原因是他们同时具备杰出诗人的身份。书法在两晋的性质和到了两宋以下文人手中的性质，有了不太一样的重点。在两晋，写得好的字和字所表达的内容没有必然的关系。王羲之固然有文笔出色的《兰亭集序》流传千古，不过他也留下了许多“手帖”，也就是当时随手写的信札。信札的内容往往很简略、很平常，没有什么讲究，就只是平凡的交代，却无碍于成为书法上的名品。

然而到了近世，文人文化对于人的全面性有了新的概念，认定一个文人各个方面的表现是彼此相关的，书法和写出来的内容意思不能分开看待。一个写不出好诗好文章的人，光是抄别人的诗或对联，即使写得再漂亮，也算不上书家。因为字体和内容分属两人，怎么可能完整呢？而一个人写了恶俗的文句，就算用再美的字体书写，人家还是觉得缺乏完整的品位表现。

07

苏轼和黄庭坚的书法理论

苏轼最重要的书法作品之一，是现藏于台北故宫博物院的《寒食诗帖》，内容是一首五言古诗：

自我来黄州，已过三寒食。年年欲惜春，春去不容惜。今年又苦雨，两月秋萧瑟。卧闻海棠花，泥污胭脂雪。暗中偷负去，夜半真有力。何殊病少年，病起须已白。

春江欲入户，雨势来不已。小屋如渔舟，濛濛水云里。空庖煮寒菜，破灶烧湿苇。那知是寒食，但见乌衔纸。君门深九重，坟墓在万里。也拟哭涂穷，死灰吹不起。

这首诗最大的特色是故意用了直白的口语风格，去除了一般的

“诗意”。直白也就是不美化，产生的阅读效果是凸显了诗中所描述的情景与遭遇是无法被美化的。寒食是四月初，明明还是春天，却处处都是如同秋天般的萧索气氛，那既是自然的，同时也是人事穷困挫折所带来的。如此客观之境与主观之境巧妙融合，形成了雄浑而凄苦的感染力。

诗是好诗，更重要的是苏轼的字体，也反映了那种备极艰辛的顿挫之感，彼此配合。在这份书帖之后，又有黄庭坚写的跋，也是好文配好字，两位大文豪兼大书家的作品并列在一个画面上，是珍品中的珍品。

苏轼比黄庭坚年长八岁，两个人一生保持亦师亦友的关系。流传下来的故事说，有一次苏轼忍不住对黄庭坚的字表达了意见，认为固然有个性有模样，却枯瘦了一点，瘦到看起来好像一条蛇挂在树枝上。黄庭坚也就回应说，你的字也有点扁了，扁得像鳖，而且是被石头压过的鳖。

不管这个故事的真假，重点在于两宋书法和之前的两晋书法有另一项差异，那就是出现了许多关于书法的描述、讨论乃至于趣闻轶事。这是文人文化普遍发展中的一环，关于诗有“诗话”，关于词有“词话”，关于棋有“棋话”，而且“诗话”必定同时记录诗人，“词话”也记录写词的人，“棋话”当然也记录下棋的人，甚至是其他写“棋话”的人。

要能有“书话”，也就必然要有一套描述书法的语言文字，进而将这些特殊的文字专门化，再进一步理论化。像前面所用的比喻——像蛇挂在树枝上、像石头压过的鳖，虽然带有玩笑意味，但的确可以引发人们对于书法字体笔画的联想。宋代的书法家兼大作家善于运用文字，对文字有特殊的敏感性与创造力，也就很容易同时成为书法理论家。

苏轼说：

凡世之所贵，必贵其难。真书难于飘扬，草书难于严重，大字难于结密而无间，小字难于宽绰而有余。

要让人看重，一定得有相当的难度，克服困难才能有所成就，能做到一般人做不到的，才会得到高度肯定。写楷书难在能有飘逸潇洒的风度，写草书难在能给人庄严持重的感觉。写大字难在笔画和笔画、字和字之间密实不空，写小字难在制造出空疏不紧张的效果。

难的，也就是书法上应该追求的。苏轼这番话后来几乎成了书法的金科玉律，确实非常精要地总结了中国书法的审美标准。去看看颜真卿的字，不就是大字却密实不空吗？去看看弘一法师的小字，不正是不管多小，看起来都空疏自由吗？看看柳公权的楷书，不是有一种秀气和潇洒吗？看看怀素的草书，你一点都不会感觉那是潦草随便，内在自有一种说不出的井然秩序。

黄庭坚则说：

凡作字，须熟观魏晋人书，会之于心，自得古人笔法也。欲学草书，须精真书，知下笔向背，则识草书法，草书不难工矣。

想把字写好，要多看魏晋时的作品。记着是要看，而不是临摹。因为重点不在于能用手将那样的字写出来，而是领略古人的笔法。有古人笔法在心中，才能从笔下生出属于自己而不会走样的字体。如果要学写草书，必须先学好楷书，明白下笔的前后方向，以此为基础，能够辨认草书的法则，学草书就不难了。

从这两个简单例子可以看出，苏、黄不只是书家，也同时身兼书法理论家。

08

狂傲不驯的米芾

有苏、黄在前，也就对照出米芾吃亏之处。米芾最擅长行书，然而他的行书作品文章或诗都无甚可观之处，不只和苏轼相去极远，甚至也不如后世同样以行书闻名的文徵明。

虽然他在书法上的琢磨变化乃至个人风格建立上都有很高成就，但他的人格人品却始终有争议。他的绰号是“米癫”，“癫”字有疯疯癫癫的意思，也有狂狷不驯的意思，两者是不一样的，尤其是有不同的评价地位。

关于米芾一个流传甚广的故事，几乎宣判了他不可能和苏、黄在历史地位上比肩齐步。故事说米芾第一次去见宋徽宗，皇帝要他抄一段《周礼》的文章在屏风上。他写完之后，很得意地将笔扔在地上，自己称赞说：“一洗二王恶札，照耀皇宋万古。”意思是自己写的字另成一种高超典范，摆脱了王羲之、王献之原来那种书札帖体风格，可以给宋朝带来万古的光荣。

他在那里自赞自夸时，没有注意到皇帝就在屏风后面，听到他这么说，皇帝走出来看了看他写的字，然后这位中国历史上艺术造诣最高的皇帝给了米芾一句简单的评语："得王献之笔意。"

字写得不错，但字好的地方就在于得到王献之写字的精神。讲什么"一洗二王恶札"，你还脱不开王献之的书法笼罩！这是皇帝客气地修理他，一来修理他狂傲到瞧不起古人的人品，二来更是修理他缺乏自知之明的品位，连自己写的字是王献之一路都不认识，还说要打倒"二王"，不是有点愚蠢和可笑吗？

米芾和蔡京两人都活跃于徽宗朝，这不是偶然。宋朝"重文轻武"的风气到徽宗朝发展到极致。从"轻武"的一面看，到这时候，北方军事防务一片糜烂，完全阻挡不住金人的武力侵犯。从"重文"的一面看，到这时候，连皇帝都彻底向文人靠拢，浸润在文人品味中，成了文人文化巅峰的代表人物。

在蔡京主导下，徽宗朝编撰了《宣和书谱》，将宫中收藏的重要墨宝收集编定，并且付诸刻印。于是皇宫大内的书法作品都有了明确的记录，而且许多原本没有权利、没有渠道能看到这些作品的人，都可以借刻印本来欣赏、学习、临摹了。《宣和书谱》之外另有《宣和画谱》，其实都不单纯是"谱"，而是有作品，还有对作品的简要评论，精到地说明作品如何好、为什么好，这是一流的书论、画论。

《宣和书谱》的书论大多出自蔡京之手，他的书法认识有其高妙之处。这既是帝王收藏的图录，也是总结北宋一朝书论的压轴之作，背后清楚地有徽宗的高度美学意识贯彻其中。被选录进《宣和书谱》的，有吴越钱俶的作品，有南唐后主李煜的作品，却没有任何一幅宋朝赵姓皇帝的字。皇宫里一定有很多历朝皇帝的字，做臣子的哪敢不选，也就可见连一幅都通不过徽宗高标准的书法之眼。

09

宋徽宗与他的“瘦金体”

宋徽宗在书法上的巨大成就是创造了“瘦金体”，几乎独步千古，成了“一人字体”。“瘦金体”之所以没有招来众多追随者、模仿者，有一部分原因仍然和“字如其人”的观念有关。无论从什么角度、用什么标准衡量，宋徽宗都是很失败的皇帝。他是实质上的“亡国之君”，北宋在他手上断送，而且比亡国更糟的是，“靖康之难”中自己都被金人掳走，变成了人质。这样的国君有这样的人格评价，谁愿意学他如此独特风格的字，将自己的人格和徽宗混在一起？

另外还有一部分的理由，则牵涉到“瘦金体”违背了书法字体的根本原则。虽然是用毛笔写的，“瘦金体”却是现代“硬笔书法”的先驱。因为其笔画刻意收敛了粗细变化，“瘦”的是每一个笔画，正因为每一笔都一样“瘦”，所以看起来像是用金属的坚硬笔尖刻出来的，所以叫“瘦金体”。

这样的书法促使写字的人用软的毛笔去写出硬笔的效果，也就失去了以毛笔写字最大的变化特色。我们可以用音乐作比拟，有粗细、回转的字像是在钢琴上弹出有大小声变化，有清楚乐句方向的音乐；没有粗细、回转变化的字，则像是在拨弦的大键琴上弹出相对无法产生大小声与乐句方向的音乐。“瘦金体”就是要在钢琴上弹出大键琴的效果，也就大幅限制了原本钢琴能够产生的丰富声音，这不是很大的浪费吗?

“硬笔书法”只有布局，没有笔画线条上的错落趣味，只能在形体上变化。所以“瘦金体”尽管评价很高，但从宋徽宗之后八百年时间却几乎只有庄严一位后继的书家。

“靖康之难”后北宋灭亡，康王赵构逃到临安，即位为高宗皇帝，建立南宋。虽然有这样从战乱流离到重建政权的经历，然而高宗留下来的最重要的著作却既非兵法亦非政论，也不是什么亡国之痛的感怀，而是关于书法的。这本书叫《翰墨志》，是对于他喜欢的书法作品的记录与解说。他也是一个书法爱好者，也是向强大文人传统靠拢的皇帝，清楚说明南渡之后的这个朝廷必定还是重文轻武，不可能重视军事，不可能重用岳飞。

相较于“北宋四大家”，南宋没有同样等级的大书法家，不过关于书法的记录与讨论仍然蓬勃发展。南宋文人文化集大成的代表人物是姜夔，讲音乐要讲到他，讲词也一定要讲到他。在书法的领域中，他留下了一本《续书谱》，书名来自唐朝孙过庭的《书谱》，那是书法理论最早建立时出现的作品。

《续书谱》一共二十章，在中国书法史上有两项独特的贡献。第一是整理并确立了到那个时代为止出现过的种种书法术语，也就是整合了讨论书法的一套共通语言，让后世的人可以在这个基础上写出更丰富的“书论”，读“书论”写“书论”的人都知道该如何描述分析一幅书法作品，也都可以了解别人在说什么，可以有效沟通。

更具突破性的是，姜夔在两章中用了音乐的概念来说书法，与其说承先启后，毋宁是空前绝后的。姜夔具备高超的音乐天分与深刻的音乐思考，他洞视了书法的时间性，书法不是抽象的线条组合，写字和美国现代画家杰克逊·波洛克（Jackson Pollock）经典的抽象泼洒不一样，其笔画有固定的顺序，往前了就不能回头，在这点上，书法不同于绘画，而接近音乐。

绘画不管在创作上还是欣赏上都是空间性的，意味着可以不必遵循顺序，先画哪里再画哪里没有规定，画过了也还可以修改；看画也同样可以从中间看到四周，当然也可以从右上角看到左下角。音乐却是在时间中展开，在前面的一定在前面，在后面的一定在后面，不可能调动改变。书法在这方面和音乐一样。

中国传统文字排列只有竖排，固定是由上而下，然后由右至左。极少数的情况写横匾或招牌，在概念上那也不是横排，而是竖排的特例，每一排只有一个字，因而必定同样是由右到左的。这种横匾或招牌绝对不会有重叠的两行，和我们今天的横排是不一样的。不只字有一定的顺序，一个字本身的笔画也有一定的笔顺，一般是从左上角写起，由上而下，由左而右，和字的顺序形成一种巧妙的对应平衡。不照笔顺写，就写不出中国人审美观中认定的像样的字体。

这真的像极了音乐！字是一个有开头有结尾的乐句，而字和字用一定的顺序连接起来，有大有小，有简有繁，就像是组成了一首乐曲。姜夔探触到这个主题，但令人遗憾的是，后来再也没有人接续从这个角度来理解、探究中国书法，以至于姜夔的看法不只空前，而且绝后了。

10

在法度中追求自由

两宋书法与书家地位提高，连带地有了普遍收藏名家手迹的风气，包括将过去的书法作品费心保存。有一个故事说宋英宗的驸马王诜非常喜欢苏轼的字，到处寻找苏轼的作品，但毕竟愿意割爱者有限，搜罗无方的情况下，他只好写信给苏轼，信中详列他问了谁，跟谁拜托过，但都被拒绝了。收到信之后，苏轼就写了一幅大字，郑重其事地用了澄清堂的纸，李承宴制的墨，共写了两百多个字，送给了王诜。

这个故事告诉我们，宋代书法有很高的价值，但没有价格，没有书法市场。而书法之所以价值那么高，正因为没有市场。虽然和苏轼同时代，又具备驸马爷的身份，王诜无法靠钱去买苏轼的字，他甚至不好意思直接找苏轼求字，用那种方式求字被视为违背文人自由随兴写字的根本精神。所以他只有实在没办法了，才硬着头皮触犯忌讳，直接向苏轼诉苦告白。

其次，我们看到在书法领域，有了高度“求精”的价值观念。随着书法的发展，有了最好写最易保存的纸，有最适合的墨，当然也有最高级的笔。这时书法变化为一种刻意、主观的艺术行为，美学的讲究朝各个方面的细节渗透。这样的高度“求精”意识，到明代之后书法市场成形，买卖价格介入干预了纯粹的艺术价值，就转而薄弱了。

近世书法艺术充分反映文人的精神，那就是追求一种框架中的自由精神。不管草书狂乱到什么地步，仍然紧守着一个不能放弃的原则，也就是黄庭坚主张学草书必须先学好楷书的根本理由，那就是不能让字形解体散掉。可以简约，可以更线条化，但必须维持在字的笔画构成所允许的范围内。

宋代文人在书法上的自由，是在同样的字体中，写出了既漂亮，又能够一眼分辨出书家的风格。米芾写不出苏轼的字，也不会去写苏轼的那种字。

到元代之后，一度出现过不同的变化，杨维桢故意在一幅字中，甚至在同一个字里混合了楷、隶、行、草等各种笔法。金农自创“篆隶体”，不只是有意识地结合这两种字体，而且故意打破原先被视为最基础的横竖笔画粗细原则以及起笔收笔的固定笔势。那样的字看起来“不自然”，但在古怪中有其独特性。

第 八 讲

画——抒写个性的墨戏

01

文人画的构成

近世文人文化中诞生了“文人画”，不过在理解“文人画”时，首先应该放在心上的，是绝大部分“文人画”作品今天我们都看不到了。存留在北京故宫或台北故宫的古画当然很珍贵，但之所以能留存下来，主要是宫廷的收藏。而宫廷的品位、选择尽管和文人文化有密切互动，毕竟还是有一定距离。

宫廷里珍视而郑重收藏的，包括最有名的《万壑松风图》《溪山行旅图》都还带着相当程度“院画”的风格，甚至“院画”的性质超过了“文人画”。真正的“文人画”因为所强调和具备的特殊性质，所以很难留存下来，尤其是宋代“文人画”，我们今天基本上看不到真迹。

这项事实给我们带来了巨大的困扰。首先是如果依照既有的绘画作品来谈“文人画”，文字数据上所叙述和解释的，往往和留下来的作品有落差。能够被看到的不是真正的“文人画”，我们却拿这些带有浓厚“院画”性质的作品来示范、解读关于“文人画”的记录。

另外一项困扰是我们习惯将作品实物视为“本”，相应地将说明、解释的文字视为衍生的、依附的，如此就错失了“文人画”最独特的文化意义。“文人画”从来都不只是画，而是意念、精神的复合体。

从较低的层次看，构成“文人画”至少需要三种元素——诗、书、画，有的时候还要再加上第四种元素，那是印，画只是其中四分之一或三分之一的必要条件，不是充要条件。

“文人画”当然有画，然而和画相配的要有“题画诗”，最常见的是五言或七言律诗，不然也要有一小段带有韵味的短文。题画的诗或文，要以书法写在上面，和画形成视觉上的双重呼应关系，一重是诗文的内容引导观者感受体会画中形象，画中形象同时也刺激观者读诗解文；另一重是这些字摆放的位置，还有运用的书法线条，也不是随便选处空白，而要在画面上精心、巧妙安排。

“文人画”一定要讲究“留白”，最基本的理由，画本来就不是一切。画将空间占满了，那诗和书怎么放？没有诗、书，就不是“文人画”。而且文字和画是两种截然不同的形式，也就自然要求两者不能太紧密地混同在一起，除了留出可以写字的空间外，还要再留出画和字的一点间隔距离。

印主要有三种作用。从画面角度看，印最大的特征在于是红色的，但比例上又很小，不占什么空间。“文人画”用的是水墨，基本上是黑白的；“文人画”的题诗字也是黑白的。于是整片黑白中很容易凸显那一点朱泥的红色，但也正因为整片都是黑白，所以就只能是一点红，多了就突兀和难看了。

印的另一项作用是标示作者。作者除了题署自己的名字之外，也钤盖印章，而且通常题署和印章有不同的写法，有名有号，增添了画面的趣味。但不是所有的印章刻的都是作者名号，还有一种“闲章”，选一句简短的话，要么表达作者的态度、心境，要么成为对于画面的另一种解说、评论。这是第三种作用。

02

文人画的三个标准

所以对于“文人画”不能“就画论画”，要了解“文人画”，就必须面对其中复杂的“互文”关系。还有，“文人画”背后有非常强烈的意念为主导，贯穿了什么是“文人画”，怎样是合格的“文人画”，又怎样是好的“文人画”，以及应该如何欣赏“文人画”，让“文人画”在你的生活中产生什么样的作用。

元代大画家倪瓒在他的《云林论画》中有这么一句话：“仆之所谓画者，不过逸笔草草，不求形似，聊以自娱耳。”开头先表示自己对于画有一定的定义标准，和一般人认定的不一样，你们觉得是画，不见得符合他的标准。而的确，他的标准立即排除了大部分的画。对他来说，如果画得很精细费工，那不是画。如果画得很像，人像真的人，花像真的花，山像真的山，那不是画。如果画的目的是为了让别人欣赏、博得别人的称赞，进而能够换得名声或利益，那也不是画。语句虽然简单，但准确地说明了三个不同方向：一是功夫，二是形象，三是动机。

什么是“文人画”，就是在功夫、形象和动机上都有严格要求的，才是“文人画”。而且很具代表性的，倪瓒呈现这三方面的标准，用的都是负面否定的方式。“文人画”是不费功夫画成的，不要求将形体画得很像，也不需要显现画者具备可以精确、细致模仿外物的能力，因为“文人画”是为自己而画的，本来就没有要追求其他人的肯定赞赏。

倪瓒的这种观念，可以远溯到晚唐的张彦远。张彦远在公元847年完成了《历代名画记》，如书名显现的，这是一本谈历代名画的书，但书中通通都是文字，看不到任何一幅画，也就是张彦远必须用文字来描述这些他要讨论的画。这是中国美术史上一个重要类型——“名画记”的开端。从此之后，一代又一代的人模仿这种形式，承袭他所开创的文字，将自己看到的名画记录下来，实质上以文代画，让这些作品不会被彻底遗忘。

张彦远说：“自古善画者，莫匪衣冠贵胄、逸士高人，振妙一时，传芳千祀，非闾阎鄙贱之所能为也。”看过历代名画，他发现擅于绘画的人几乎都有特殊的身份，有的是贵族出身，有的是隐逸之士，不只有一时的地位名声，还能流传久远，绘画这件事可不是一般市井小民做得来的。

这话从字面上看，是他从整理“名画”作者而来的描述，但实则更接近对画家身份的一种规范。如果你没那种或高贵或隐逸的身份，怎么可能画得出好画、名画呢？绘画不是单纯的一种技术，而牵涉到作画人的修养品行，只有“衣冠贵胄、逸士高人”能够具备这种修养品行，也才有可能“善画”，能画出那种等级的作品。

之所以必须是“衣冠贵胄、逸士高人”才可能“善画”，其中一个理由就是张彦远在《历代名画记》中提出的“书画同源说”，这是他在画论上的重要贡献。在《叙画之源流》一节中，他认为远古有仓颉这样据说长了四只眼睛的大天才，所以通过观察自然现象发明了文字，揭示了自然的规则，以至于上天落下粟雨，神灵被迫现形。那就是“书画同体而未分”的阶段，后来才依照功能区别开来，文字用来表达意义，画则用来表现形象。

画和书的关系如此密切，也就使得不识字的人无法画画，好的画必然出于识字的、有相当文化修养的人之手。

03

文人画的精神内涵

到了宋代，郭若虚的《图画见闻志·论气韵非诗》中说："窃观自古奇迹，多是轩冕才贤，岩穴上士。依仁游艺，探颐钩深，高雅之情，一寄于画。"前面和张彦远说的完全一样，关键是后面解释了为什么高官贵族或隐逸之士才画得出好作品。因为他们一方面有内在修养，另一方面又有艺术技能的陶冶，所以能突破表面，发掘事物内在的真相或道理，将他们的心灵活动寄托呈现在画上。这样的画当然精彩，也当然不可能出自于没有"依仁游艺"的条件，也就不会有"探颐钩深"本事的人。

从张彦远到郭若虚，我们也就明白了判断画的好坏的方法。画是一个人的"意"所呈现或寄托的载体，所以重点在于察知并衡量"意"。"意"就是画者的人格与精神所凝结而成的，随着他人格精神的高低而有高低，并因此决定了所显现的画的优劣。重点在于“一寄于画”的那个“寄”字，看画要能还原所寄之意，认识“意”后面的那个人。

这方面苏轼也有他的说法：“观士人画，如阅天下马，取其意气所到。乃若画工，往往只取鞭策、皮毛、槽枥、刍秣，无一点俊发，看数尺许便卷。”特别区分出“士人之画”就显现了不是所有的画都是“文人画”，也就不能用同一种方式来看所有的画。他所使用的比喻是看马。一般不会看马的人，专注在马以外的附属配件工具，鞭啦策啦，用什么器具喝水吃草，吃的是什么样的草料，顶多看看马的毛什么颜色，是不是发亮。画匠画出来的，都是这种琐碎的外围形象。相比之下，合格的“文人画”就像真正会看马的人，能够掌握马的精神，评断马的意志能够到达什么样的程度。

这里也就强调了要看的不是可以量化的表象，而是带有某种直觉性质，必须看过很多马之后，才能培养出眼光。对于文人来说，画本身不是作为目的而存在的，画面形象是一套暗码，像摩斯电码，有待通解明了的人予以转译。去评判一连串的电码好不好、漂不漂亮是没有意义的，甚至是荒谬的。要有摩斯电码本的人才能打出摩斯电码，也要有摩斯电码本的人，才能解译出接收到的摩斯电码。所以没有文人身份，没有文人修养，无法画“文人画”，也无法欣赏“文人画”。

无论是创作还是欣赏“文人画”，都需要做准备，而且这种准备往往永远不会完全。文人所想所感，所要寄于画面的，远超过画面所能承载的，经常还需要有诗文来辅助解释或揭秘。“文人画”不可能是“纯粹美术”，不可能只任由画面说话。

倪瓒说“仆之所谓画，不过逸笔草草”，这里面有一个明确的精神和时间意识，也就是用更远古的时代来反对自己之前的一个时代。唐朝的时代意识反映在“复古”上，强调“古意”也就表示越过“六朝”，否定六朝的成就。张彦远整理“名画”，分成“上古”“中古”“今人”三个时代。“上古”的特色是“迹简意澹而雅正”，“中古”是“细密精致而臻丽”，至于“今人”则是“错乱而无旨，众工之迹也”。

很明显，变化的倾向是由简而繁，同时也愈来愈糟。“迹简意澹”，笔触、形体很简单，却能传递深远的意趣；后来将画面画得愈满愈复杂，想要将事物形体完整描绘出来，要画得像画得美，到了一定程度就变成专门讲究细节，而失去了整体的布局构图，看起来画了很多，却不知道主题在哪里，要表现什么意义。这样就失去了画家的精神，没有了可以支撑绘画的主体。

04

文人画的风格特征

“文人画”相信一种绘画的经济学，追求特殊的效率，作为意义的载体，有效的笔画愈是简要反而愈能表达得更多。张彦远将之作为对从六朝到唐代画风发展趋势的反正提出来。从六朝到唐朝画风的转变，还有外来技术和颜料蔚为风尚的因素。“焕烂而求备”指的就是有了愈来愈多复杂的颜料，让人可以更精确模仿眼睛所见到的画面，就刺激了求多求全的贪心。而张彦远提醒，这不应该被理所当然视作对的、好的变化。

“文人画”精神发展到高峰时，赵孟頫这样说明如何作画：“作画贵有古意，若无古意，虽工无益。今人但知用笔纤细，傅色浓艳，便自为能手，殊不知古意既亏，百病横生，岂可观也？”首要的是“古意”，也就是看起来不像现实，不会被当作现实的照搬，没有这种和现实的距离，画得再好再精细都没有用。“今人”通俗的画法，画得很细致，色彩很鲜艳，以为这样就是成功了，却不知道违背了“古意”的营造，而失去了“古意”，那就到处都不对，到处都是毛病，画就不值一顾了。

从张彦远到赵孟頫，清楚解释了什么是“逸笔草草”，那不是潦草，更不是草率，而要求不须“用笔纤细，傅色浓艳”，就能够画出很有意思，不只好看，更要细品才能心领神会的作品。这样的作品不是给眼睛看的画，而是给心体会与认知的复合文本，而且也只有“逸笔草草”，才能保证画出来的有“古意”。

宋代米芾还有一个观念，画不仅要带有“古意”，还要“追摹高古”，意思是不只要“古”，而且是愈古愈好，愈古愈有价值。米芾对于在他之前的一些五代画家都有详细的比较评论：关仝山画得比较粗，峰峦缺乏秀气，好的地方是画河，尤其是河的弯曲之处；董源山顶画得不好，不过绝涧、危径、幽壑荒回，也就是让人看了会觉得心惊的境地，那是他的专长；巨然擅长画茂密的树林，能够画出清爽的气氛；荆浩则最会画云中的山顶，能够画出山的高峻厚实的感觉。

其中他最肯定的应该是董源。在《画史》中，他称赞董源“平淡天真多”，“近世神品格高，无与比也”，最关键的是“唐无此品”。董源好到什么程度？好到不止超越了他自己的时代，还超越了唐朝。我们今天说超越时代，指的是开后世的风潮，但在“文人画”的观念里，超越时代是反方向的，往历史回溯，离今愈远，不只古而且“高古”，就愈了不起。

对于“高古”的追求，也同样出现在苏轼身上。苏轼和米芾都身兼书家和画家身份，只是我们今天对于他们的画无法具体地认识讨论了。苏轼在绘画上向往的“高古”典范，是唐代的王维。苏轼、米芾他们在建构一套新的美学标准，以这个标准往前寻找、重建原本其实不存在的系谱。

05

文人画的美学追求

虽然“文人画”这个名称要到明朝才正式固定下来，然而其观念与事实的形式显然早于名称。而且其发展有着特殊的双向性，往下传承的同时，还以“高古”的标准往上追寻系谱。“高古”既是时间上的描述，更是风格的规定。近世文人也能画出“高古”的画，反过来也不是古代画家的作品就都自然具备“高古”的品质，那么“高古”到底是什么？

米芾强调董源的画中有一份“天真”，和倪瓒的话结合在一起，我们大致可以理解那是一种能够用疏落简单笔触创造画面风景的能力。另外五代时荆浩说过一句话，宋代之后经常被引用，那就是“去华方能取实”，用花和果实的前后关系作比喻，只有花落了才会结果实，引申为作画时必须舍弃华丽繁复的表现手法，才能掌握真实，也就是才能“真”，才有“天真”中的“古意”。

要表现真实，就不能华丽。“反璞”才能“归真”，落实在绘画上，“璞”和“真”的对应，也就是反对复杂的笔法与细节的修饰，而复杂的笔法和细节的修饰正是“院画”的风格。

宋朝皇帝重视绘画，在宫廷中设画院，招了一群画师，画师之间彼此影响，就产生了一种重视技法甚至攀比技法的风格。要表现技法，那就非得画得复杂，强调细节逼真，并多加装饰不可。“院画”的千古杰作是张择端的《清明上河图》，如此细腻、繁复、栩栩如生，必须掌握高超的技巧，拥有超人的耐心才能完成。

然而从文人关怀上看，这种“院画”不管画得再怎么细腻、生动，无法回避最根本的问题：这是为了表现什么样的精神而画的？这种图画中没有“作者”，一个主观领会这个世界并赋予其意义的精神主体，仅是将现实存在的现象如实画下来，不同的人只要掌握了同样的技巧就能够做，因而不能说有很高的价值。

相对于“院画”众多的繁复线条和艳丽颜色，“文人画”发展了反向的美学观。“院画”在形与色上采用“加法”，“文人画”则采用减法。所谓“逸笔草草”，意味着画面所显现的是现实经过“减色”、“减形”处理后的一种心相反射。

“文人画”绝对不是因为颜料不够才呈现为黑白的，这是主观价值上的刻意选择，要让人一眼就看出画作不是复制自然颜色与形体，那是他们认定的真实，借着让画面上的颜色尽量简朴来呈现。而且针对“院画”繁复笔法的“人工”性质，转而以“减形省笔”去除“人工”痕迹，使画作趋近真实。

“文人画”反对人为，太繁复的形体和太鲜艳的颜色一看就是人工的铺陈，从而被他们排除在外。董其昌是“文人画”概念最重要的集大成者，他将明代之前的中国山水画分为两派，一派是“钩斫”，一派是“渲淡”。简单说，“钩斫”是有轮廓线条的，“渲淡”则是泼墨，没有线条。哪一种比较接近“文人画”风格，比较符合“文人画”精神呢？董其昌特别强调，“文人画”重泼墨而轻勾勒，勾勒太繁复，也就太人工化了。“去华方能取实”，“华”指的就是依靠人工加上去的装饰，使得画面华美绚丽。最好能拿掉就拿掉，这是画与意义之间的经济学，相信并追求“少即是多”，繁复的画面让人看得眼花缭乱，迷失在“形”与“色”之间，无从体会意义，简单的画面反而能承载更多。

“少就是多”（less is more），这不是西方现代主义美学最重要的口号吗？是的，现代主义美学和中国传统“文人画”有许多相通之处，可以在作品和思想上进行多层次的呼应对话。

06

从“游观山水”到“书斋山水”

在“文人画”的传统中，还出现了对于“自然”的狂热。“自然”有双重意思，作为名词指的是“大自然”，就是没有被人工改造的环境；作为形容词指的则是“自然而然”，在人之外的一种超越性的规律、秩序，且不依赖人工力量而必然存在和变化。

《历代名画记》中收录了很多不同题材的作品，有山水、花鸟、人物、饮宴等等，然而宋代之后，尤其愈到后来，正统的“文人画”就愈是聚焦在山水上，山水画愈来愈普遍，也愈来愈重要。山水画以“自然”为对象，然而刻画自然却又不是这种画的真正目的。

南朝宋时王微作《叙画》，文中主张山水画有三项要素，分别是“容势”、“灵动”和“想象”。“容势”指考虑如何容纳分配山水中的各个元素，放进什么、排除什么，又各自要放在哪里，彼此产生怎样的关系。讨论“容势”也就表明中国山水画不是如实写生，就算你面对现实的景象，也不能我手写我眼，单纯将看到的画下来，而必须有主观自觉的安排。

“灵动”有两层意思，一层是画是静态的平面，画山水却要能让人感受到云在动、风在动、树在动或水在动。静的画面能传递动的感受，所以是“灵动”。另一层意思是画出来的山水不是客观的，而要能表现看山水的人的主观意念，以及他赋予这个景象的意义。

如倪瓒的名画《雨后空林图》，其“灵动”一部分就表现在这个标题上。他画的不是客观的一座林子，而是在那种雨方停歇的情境下，特别感受到林子被洗涤过一般，洗去了所有和人有关的尘俗，因而显现出空寂来。

第三点是“想象”，意思是画出来的山水还要经过有意识的改造，不能只是搬弄具体的视觉元素。画的不是山水的“实然”，毋宁是经过主客交融互动后山水的“应然”。每个人心里有一幅理想的山水，对应这样的心情、人生意趣，而应有这样的景象。想象里的山水是画出来的山水的根本、原型，比真正画出来的作品更重要。

正因为山水画有长远的历史，很早就被赋予这样的丰富意义，所以在“文人画”中取得了特殊地位。不过在北宋之前，中国山水画的大宗是“游观山水”，意指绘画的目的是将山水搬到纸上，让人看着画就能够得到“游观”的体验，也就是观画带有取代进入自然山水的作用。到了北宋之后，在“文人画”潮流影响下，逐渐从“游观山水”转为“书斋山水”。

“书斋山水”的重点不在于画家不出门、不写生，坐在家中书房里靠想象画画，而是说画的重点从被观赏的山水转移到坐在书斋里看画看山水的人。“游观山水”中，主角是山水，人被邀请来游观山水画面；但“书斋山水”的主角变成了画山水人的心情，画是他表达生活逸趣的一种形式。

07

形似与神似的矛盾

倪瓒说："仆之所谓画者，不过逸笔草草，不求形似。"苏轼也有一首诗《书鄢陵王主簿所画折枝二首之一》：

论画以形似，见与儿童邻。赋诗必此诗，定非知诗人。诗画本一律，天工与清新。边鸾雀写生，赵昌花传神。何如此两幅，疏淡含精匀。谁言一点红，解寄无边春。

这是以诗论画，说得很直白，开头就说如果看画是看画得像不像，这种见解程度和隔壁的小孩差不多。这就好像读别人的诗引发写诗的冲动，却一定要写出和原来一模一样的诗，怎么能叫作懂诗呢？画者被物体形象触动，但要画出不一样的形体才是有价值的画。画和诗有着同样的标准，都是要摆脱“人工”，追求“天工”自然中的那份清新之感。

这样的精神一直贯穿到“文人画”的殿军齐白石，他说：“作画妙在似与不似之间，太似为媚俗，不似为欺世。”画要既像又不像，太不像和太像都不对。画得惟妙惟肖，那是“媚俗”，因为任何没有眼光没有品位的俗人都能欣赏，都会赞叹：“画得那么像！”那是一种纯技巧的炫耀，其中并没有自己的观点或感情。

画得太不像，那是“欺世”，意味着绘画还是有一份道德承诺，画出来的应该和真实世界有一丝联结，不能鬼画符。“画鬼容易画虎难”，因为真实存在的老虎形象是有标准的，要画没人见过的鬼却可以任意而行，别人无从复案和检验。

虽然强调不要画得很像，但中国绘画并没有朝纯粹抽象的形体线条色彩发展，而一直保留了文人的一种写实价值。那不单只是美学考虑，更是道德上的原则。画得太不像，为什么是“欺世”？骗了你什么？因为画了这个世界上不存在的东西，借由画工让你以为这样的东西是存在的。这不可以，在重视现世关系和责任的文人思想里是犯规的，违背了孔老夫子“未能事人焉能事鬼”“不知生焉知死”的箴训。

大传统中回避不存在的东西，因为那都有涉及妖魔鬼怪的嫌疑。蒲松龄的《聊斋志异》写人以外的狐、鬼、仙，让他们和人发生关系，保留了人际的现实性，才能取得较高的合法性。然而同样写鬼故事的纪晓岚，却批评蒲松龄有太多虚构想象，强调自己的《阅微草堂笔记》都是有亲历、传闻依据的。这是坚持真实性的另一个相关例证。

不能太像，又不能画没有现实基础的形象，依循这样的标准，齐白石的画看上去就是日常物品，鱼、柿子、螃蟹，一眼就知道是什么，但再认真看，画中物和我们日常看到的实物却又有些微的不同。

近世文人文化中最重要的主题是山水，所以山水也要画得既像又不像。对于这样的山水画，该如何评断其好坏？关键就在画出来的山水能够将画者的人格与意境传递表达到什么程度。牵涉到画者的心情，因而也就联系到了文人在什么样的心理状况下作画。

一般来说，文人在困窘挫折时作画的概率高于宦途顺利、飞黄腾达时。有官可以做，那就有各种事务要处理，还有仪式和应酬，忙得没有时间作画，更没有什么要寄托在山水之间的心情。相对地，有一个很流行的说法："去黄州，死了一个苏学士，活了一个苏东坡。"苏轼被贬谪到荒远的黄州，远离了权力中心，苏学士的身份失去了意义，人生的意念与视野因而都不一样了。他有很多时间，有更多的感触，于是他的文、诗、词、书、画都成了这些感触的抒发与寄托，塑造了我们后世所认识的那个苏东坡。

既然是反映这种心境，北宋以降的"文人画"有一种深层的"涩"味。"涩"是从味觉、口感衍化过来的，不那么顺滑，不是单纯的愉悦，而带有一点苦味，一点不舒服。这点上宋诗和"文人画"有共通之处。和宋诗相比，唐诗是开阔的，由内而外延展。宋诗却追求戏剧性的转折，要有奇险之处，不走大马路，要寻出弯曲遮蔽的风光。这也是文字上一种"涩"的效果。

宋人代表性的书法，例如苏轼、黄庭坚所写的字，既不像颜真卿、欧阳询那么方正，也不像王羲之、王献之那么秀丽，而是表现出一些特别的棱角，那是书法相应的“涩”。“文人画”反映了文人失意或遭难的心境，经常显现出一份荒枯，这种“涩”和书法之间有着更密切的关联。

在“文人画”的传统中，“书画同源”不只是一个观念、一个说法，后来更在“墨竹”上得到实践。为什么重视画竹子，将画竹子视为重要的功夫？因为画竹子的笔法和书法笔画最为接近。宋代书法格外凸显“飞白”，也就是利用较干的墨写字所造成的效果，不是全笔浓黑的，而在笔画中间出现白色。到了南宋之后，“飞白”又被大量运用在绘画上，用来表现枯竹、枯枝或奇异的山石。原本“院画”中高度发展的皴法，在“文人画”中被简化，甚至被扬弃了，转而运用书法里的“飞白”，因其更适合表现荒枯的景致，和失意、挫折的心境相呼应。

08

题画诗的产生

“文人画”有一套“画应该是什么”的想法，不过这种想法和事实上画出来的作品不见得是同一回事。主要是这套想法太高远，也太难实现了。要减色、减形，又要忠实反映出一个文人的心境，哪有那么容易？思想上主张减色减形比细笔模仿更能表现真实，这是主观意念，而不是经过反复绘画实践得到的体会，也就是要追求的目标和实现目标的手段并没有经过检验。

“文人画”的概念远比其成品要来得精彩、来得吸引人，因为本来就是一个现实上不见得能完成的理想，也不那么在意一定要在现实上完成。“迹简意澹”，真正在画面上显现的是“迹简”，也就是简单的笔迹，但如何保证能传递深远的意义？更麻烦的是画应该传递主观感受与心情，但如果画者自己觉得画进了感受与心情，观者却领受不到，或者观者猜错了感受与心情，那怎么办？

理想的概念与现实转化的矛盾促使文人在画上谋求出路，利用增添其他元素来达成理想的目标。一个帮手是“画题”，借由题目来告知观者画中的意念。画题愈来愈复杂，就衍生成“题画诗文”。标题是画的一部分，画的内容与意义离不开画的标题。《雨后空林图》因为有画题而让观者感受到其中的湿润与空阔，李唐的《万壑松风图》因为有画题而让观者感受到“松风”。画面上有山有谷有松，本来是没有风的，但知道画题之后，我们可以明了山谷与松的存在，是为了描绘出那样容易起风的环境。还有南宋马麟的《静听松风图》，比《万壑松风图》稍微直白一点，画了一个人在那里听风，不过如果不看画题，我们恐怕也还是不知道那个人坐在山中做什么。标题是“文人画”落实其高蹈理想的其中一种工具。

宋徽宗是最早固定在画作上题诗的，可能和他字写得好也有关系，字漂亮不妨在画上多写几个字。那个时候的题画诗，不脱图说的性质，诗的内容就是讲解画面的。愈往后，题画诗的空间就愈大，不见得直接谈画的内容，转而要引导观者如何看画，或提示观者应该如何体会画境。

题画诗的形成过程也变复杂了。前面提到倪瓒的《雨后空林图》，先画好画，然后去找张雨作诗，再找李睿用隶书写上去。诗的内容是：“望见龙山第几峰，一峰一面水如弓。苍林茅屋无人到，犹有前时蹑屐踪。”看到数不清的连绵的几座山峰，每座山峰有着不同面貌，而河川只有一条，形状如弓弯流而过。树林里有茅屋，茅屋里没人，而且有一阵子都没人来了，却还留着之前走过的足迹。这里刻画出一种介于有人和无人之间的暧昧辩证。

到了十多年后，倪瓒自己又在画上题了一首诗，诗是自己写的。全诗是：“雨后空林生白烟，山中处处有流泉。因寻陆羽幽栖去，独听钟声思惘然。”下过雨的空林中烟气飘荡，也因为是雨后，所以到处都是流泉。有好的泉水，就想学陆羽幽居煮茶，但此时却只能听着钟声空想。

原本应该由画面传递的主观感受，这时就挪移到题画诗，让题画诗来表达了。从此诗、书、画结合在一起，如果没有诗来说明这些意念，就无法单纯依靠画来实现“文人画”概念中那么高的追求。

09

文人画的核心价值

诗、书、画的复合形式，后来又和中国传统书画的收藏、流传密切相关。画画的人可以在画上题字，因而产生了画的附加价值，于是就刺激了收藏者的一项巨大动机。之所以买画、收藏画，是因为可以在上面加写一首诗，将自己的书画连带名字留在那幅画上。于是画上有诗，有文说明画和诗的来历，又有新的诗和文进一步铺陈……如此层层叠叠，不只是诗、书、画之间构成互文关系，前后时间不同的诗文题签又构成另一种互文关系。

名画之所以为名画，几乎都经过了许多手，很多人在上面题字，空白地方都写满了，还要加纸再写。作品一直延长，到后来几乎难辨本来面貌，不过也因此保留了画的收藏经过与历史记录。

后来的收藏者有时会在画上盖印章，有标示名字和所有权的印章，也有闲章。所以“文人画”就成了一个会累积增长的载体，和西洋画大异其趣，也和近世之前的中国画不一样。我们应该如此理解掌握“文人画”上诗文的来历与作用。

明代有两本重要的画论，一本是董其昌的《容台集》，另一本是唐寅的《画谱》，记录了同样的一段对话。对话双方是元朝的赵孟頫和钱选，两人谈论的是“士画”与“士气”。

赵孟頫问钱选，画里如何看得出“士气”，也就是“文人气”呢？钱选的回答是：“隶体耳！”回到那个时代的语意，这表示关键就在“无求于世”，也就是一种业余性，相比于“画院”里的那些职业画师，文人不是为了要吃饭、要追求利益而画的。

“隶体”不只是身份或动机的说明，而是一种强烈的态度。在“文人画”由画家自己题写的字句中，经常出现“漫作”“墨戏”或“戏笔”等词语。这就表示画者和画之间的关系，是倪瓒所说的“聊以自娱”，为自己而画，作为一种生活游戏而画。这也同样接近前面第六章中提到的席勒的哲学概念，有些重要价值只有在没有现实目的的情况下才能彰显出来。那就是在完全自由，没有“院画”规则束缚，没有利益考虑的状态下，才会有的个性。“聊以自娱”画的是只顾自己喜好的作品，是最忠于自己、最真实反映自己的个性之作。

在书法上也有类似的“帖不如信，信不如稿”的说法，正式写给人家看的字，反而不如随手写在信上的字，信上的字又不如打草稿时写下的字。这凸显了三点：第一，朴实高于华美，随意高于刻意，真性格显现高于表面装饰。第二，自然与人为相比，当然是自然比较重要。第三，是个性与规律之间的紧张关系。

朴素、自然、个性，是“文人画”的核心价值。这些核心价值主要保存在“画论”中，不能离开“画论”去理解“文人画”。看再多“文人画”作品，如果不接触“画论”，就还是隔了一层，无法掌握这些画表达什么。另外还有更多关于画的理念、想法，甚至不在“画论”里，而是存在于表面上看起来和画没有关联的文章里，例如讨论自然的，解释书法的，甚至探索音乐的。在近世文人文化中，琴棋书画的内在精神是互通的，彼此发明、彼此加强。

10

难窥全豹的文人画

但很可惜的是，“文人画”发展出这样的观念，也就不容易讲求重视画的保存条件。用更好的纸、探研能够维持更久的墨，那就刻意了，失去了随兴的自然。因而依循着“文人画”的精神，这样的作品很容易被毁灭。在那样的环境气氛中，大部分文人都习画，在不讲究形似的标准下，也就很容易上手。理论上，中国近世应该产生了大量的“文人画”作品，那是一种集体现象与集体成就，而且担负了文人间从一般酬答到精神交往的功能。

《全唐诗》收录了那么多诗人的作品，相比之下，时代更接近我们的宋代，却只留下了那么稀少的画作，以至于我们无法凭借如此稀少的样品，去还原认识宋代的“文人画”。这是我们只能就观念论画而无法就作品论画的另一项根本历史原因。

第九讲

禅宗——见性成佛的修行

01

禅宗在中国的崛起

由历史的角度看禅宗，我们最先看到的是到了近世时期，禅宗已经在佛教诸多教派中脱颖而出，经历了教理和组织上的本土化，成为拥有最广泛群众基础的主流。唐代佛教中国化的过程中，出现了“天台”“华严”等印度所没有的思想变化发展，但到了近世之后，这些宗派都无法和禅宗竞争。

“禅”或“禅那”是印度佛教术语 Dhyāna 的音译，有时又依据其性质译为“禅定”，在印度佛教中原本指的是一种方法、一套功夫。佛教主张一切都是因缘，要解脱痛苦，必须具备看穿所有因缘本质的智慧。而“禅”或“禅定”就是让人能够止息心念，不受外界影响的训练，痛苦其实就来自这些骚动，使我们无法看清事物没有本性的真相，因此必须息心观想，看清楚因果与偶然。

虽然中国的禅宗可以追溯到从印度来的初祖达摩法师，然而中国禅宗的主要精神其实已经不是原始的“禅定”了。达摩最有名的故事之一是他长期面壁修行，这原本是“禅定”修炼的一种极端形式与极端成就。然而“禅定”变成了佛教修行的一种基本功夫，从打坐吐息到禁食静思，并不限于禅宗。中国禅宗的核心教义是将“禅那”与“波罗密”（Paramita）合二为一，也就是“禅”“慧”合一。

“慧”指的是了解因果、明白本性虚妄之后所形成的洞见与智慧，能够看见一般人看不见的，体会一般人体会不到的。而要得到“慧”，“禅”是其中重要和关键的手段。这两者之间是有层次的，通过“禅”追求“慧”，而得到了“慧”，人才能离开原本的迷惑，解脱痛苦，并且改变轮回过程，转而趋近涅槃。这原本是印度佛教的程序。

然而中国禅宗最大的特色就在于坚持“禅”与“慧”不能分开，“手段”与“目的”不是两回事。“禅即是慧，慧即是禅”，修行本身就是一种洞见与智慧，洞见与智慧不可能在修行之外或者离开修行而取得。

禅宗初祖达摩长期面壁禅定以求终极智慧，而促使禅宗在中国发展最重要的“六祖”慧能，最有名的却是这样一段通过“偈语”隔空对话的故事。神秀的“偈语”说：“身是菩提树，心如明镜台。时时勤拂拭，莫使惹尘埃。”清楚表达出原始“禅定”所追求的目标。人的内在有“慧根”，像一座明镜台，用来照见世间种种纷乱、偶然与无常，但明镜不会总是“明”的，因为经常会染上尘埃，所以就必须有持续不断的功夫，如擦镜子般帮助我们将明镜保持如实照见的状态。显然，“禅定”就等于“勤拂拭”，是很重要的手段。

但慧能的“偈语”却说：“菩提本无树，明镜亦非台。本来无一物，何处惹尘埃。”这就从根本上质疑，有一种擦镜子的功夫吗？要擦镜子必须先假定镜子的存在，然后通过那面镜子来照看世界。然而如果我们还需要依赖镜子才能照见世界，那就无法看透镜子或任何手段也都是偶然、虚幻的，就不可能真正得到智慧。

因为这一则慧能口述的“偈语”，原本要传给神秀的衣钵就转而给了不识字且无法自己在壁上写“偈语”的慧能。这就是印度禅宗到中国禅宗的大变化，神秀的问题并不是理解不够深或“偈语”写得不好，他其实是给了原本禅宗传统中的正确答案，相反慧能的答案却不是禅宗本来有的，而是将道理更加深化从而得到新的推论。

02

慧能与《六祖坛经》

今天我们对于慧能的认识，基本上来自《六祖坛经》，这是禅宗新派对抗旧派一份很有效的传教文献，其内容不能直接视为历史事实。书中将慧能的生平建构成了一段了不起的传奇。

慧能于唐贞观年间出生，活跃的时代大概在玄宗朝左右，他不只不识字，而且来自岭南，当时仍然被中原视为蛮荒的化外之地。依照《六祖坛经》的记录，慧能家中很穷，以砍柴为生，将砍下来的柴拿到市场去卖时，遇到有人在诵念《金刚经》，他立即有所领悟，就问人家说："你念的这东西是从哪里来的？"那个人显然对佛教渊源认识不深，只知道自己手上的《金刚经》是从东禅寺取得的。东禅寺远在湖北，是禅宗五祖弘忍主持的寺庙。于是慧能就下定决心要去东禅寺。

他那么穷，生活过得那么辛苦，全凭自己的意志力，花了三十多天从广东到了湖北。终于在东禅寺见到了弘忍，法师问他：“你是谁？从哪里来？来这里做什么？”他就回答自己从岭南来，“惟求作佛，不求余物”。好大的口气，一方面显示了他的无知，不知道哪有人一开始就要成佛的，也不知道在别人眼中成佛有多困难；另一方面也表现了他的慧根和别人不同，世间其他事物他都没兴趣，一心就想成佛。

弘忍听了，用“獠獦”两字形容慧能所来的岭南地区，这是动物住的地方，不是文明开化之处啊！从这种地方来，竟然开口就要成佛？慧能继续大方地回应，“人虽有南北，佛性本无南北”，你和“獠獦”虽有差别，但这是佛性的差别吗？修行成佛和我们的出身有关系吗？

佛教的核心教义就是去除差别，理解一切现象都受因缘操控的共性。慧能依照朴素的直觉，否定了弘忍在佛寺中对于出身的计较。听到这样的回答，弘忍感觉他与众不同，就将他留在厨房里打杂工，每天舂米、煮饭。

中国佛教从东晋竺道生起就提出一个令人困扰的论题：“一阐提也能成佛吗？”“一阐提”是佛经记录中品行最坏、行为最恶劣的人，落入地狱后受到各种惩罚，竺道生故意提出“一阐提”，主张“一阐提”也能成佛。

当时佛教《泥洹经》已经被翻译传入，经文中明白表示“一阐提”是无法成佛的。当然就有人以《泥洹经》的权威质问竺道生，不料竺道生却坚持立场，甚至赌咒说：“这件事如果我讲错了，我就下阿鼻地狱！但不会出现这样的事，我是对的，将来你们都不在了，我还在座上讲经。”

这个论题不可能有确切、共同的答案，于是几百年来关于谁能成佛、谁不能成佛、成佛必须具备什么条件，进而佛性是不是普遍的，普遍到什么程度，是佛教界长期关切、讨论的大问题。因而听到慧能回答“佛性本无南北”，弘忍也不见得会很惊讶、很意外。

03

禅宗传教的艰辛历程

慧能在东禅寺住了八个月，弘忍给了弟子们一个功课，要他们写一段“偈语”，表现自己对于佛法的认知。当时寺内早已有共识，大家都知道在佛法修行上神秀排名第一，既然都写不过神秀，也就没有其他人去交这份功课。众望所归下，神秀压力也很大，想了半天，他也不愿交功课，而是偷偷将自己的想法题写在墙壁上，看看会得来怎样的反应。

这不就已经是心机了吗？而且从师父到神秀再到同门，大家都卷入了种种算计考虑中。唯一不在算计考虑中的，只有厨房里做工所以弄不清状况的慧能。他在墙上看到神秀的“偈语”，就觉得不对劲，傻傻地找人帮忙将他回应神秀“偈语”的内容也写到墙上去。

故事的传奇性在于弘忍看到这两首“偈语”的对照，就去厨房里找慧能，给他暗号，半夜里将衣钵传给慧能。不只是偷偷地传衣钵，还要他赶快离开，尽快逃往南方。

《六祖坛经》的传奇故事凸显了慧能高于神秀的佛门领悟，解释了南方禅宗的正统来历，还顺道打了北方禅宗一耙，认为他们充满心机，为了权位，甚至诉诸威胁、暴力等手段。

东禅寺对于弘忍选择慧能接其衣钵，是有关系的。初祖达摩传给二祖慧可，慧可留下来的故事也就是“禅宗机锋”的源头。慧可去见达摩，向师父祈求心安，达摩对他说：“那你得先将你的心交给我，才能帮你安心。”慧可想了一下，对师父说：“我找不到自己的心在哪里。”达摩就说：“我已经帮你安了。”

意思是你不能叫别人帮你安心，只有自己才能做这件事。而祈求心安的起点，是先认真寻觅、理解自己的心究竟在哪里，提醒你如何去寻觅、理解，也就是他人，包括师父仅能为你做的。

慧可活到107岁，竟然遭到追杀并死于非命，遇害之前将衣钵传给三祖僧璨，并交代僧璨：“汝受吾教，宜处深山，未可行化，当有国难。”不是叫他去广为弘法，反而预期有国难，要他到深山里躲起来。

虽然史料不足，无法弄清楚细节经过，但大致看得出来，禅宗当时其实处于边陲，并受到主流宗派排斥、迫害，甚至也为社会所误解、敌视。弘忍的重要贡献，是将这个边陲宗派正当化、正常化。照说为考虑禅宗的发展，他应该选择神秀，选择一个出身良好的继承人。然而东禅寺的这个宗派，显然有着和普通佛教领域不同的价值、信念，所以宁可选择慧能，并要他离开中原主流地区，和二祖告诫三祖一样，维持一种地下的教团形式，不要公开，更不可以大张旗鼓传教。

04

佛性之前人人平等

慧能连夜逃出来，还有追兵在后。其中有一个出家之前当过将军的叫陈慧明，靠着军事背景找到并追上了慧能。依照《六祖坛经》上的记载，慧能眼看逃不掉了，就将衣钵放在石头上，让陈慧明自己去取。那么轻的衣钵，武人出身的陈慧明却费尽力气都搬不动。陈慧明察觉慧能定非凡人，于是就转而请教他："如何是我本来面目？"

慧能回答："既然你为佛法而来，那么你能不能屏息诸缘，勿生一念？"意思是你一定知道佛法的根本道理，必须先清空意念，才能认识"本来面目"。陈慧明试了很久都做不到，于是慧能再教他说，"不思善，不思恶"，要先去除好坏善恶的分别心，没有任何评断，那才是"本来面目"。

这等于是六祖第一次弘法，说服陈慧明，逃过了劫难。不过他并没有马上成为宗派之主，而是先流转在南方山间长达十五年，不止没有追随的信众，甚至还未取得正式的出家僧人身份。十五年中他做了很多事，去帮人家打猎，却在守网时借机将落入网中的动物放走。

十五年后他去了广州，在法性寺遇到有人在争执，看到旗子飘摇，一个人说“旗子在动”，另一个人抬杠说“不是旗子动，是风在动”，慧能听见了就忍不住插嘴说：“不是旗子动，也不是风动，是人心在动。”

法性寺的座主印宗法师知道这件事，觉得能说出这种话的人定非凡人，就替他主持了剃度，慧能才算正式出家，然后才公开自己弘忍衣钵传人的身份。

慧能一辈子都不识字，不能笔写，只能口述，部分口述的教义就记录在《六祖坛经》中。因为是口述记录，所以接近说话，不是一般的文言文，这和后来理学中大为流行的“语录”有很密切的渊源关系。另外佛教传入中国，早在唐代就分出明确的层级，“经”是佛祖留下来的教训，或记录佛祖的生平故事，后人衍化解释佛法的，中文就翻译为“论”，但《六祖坛经》却称“经”，可以看得出和原本印度传统不同的用意，这不是印度的经典，而纯粹是中国的一份文献。

流转十五年后，慧能又回到广州发展，提醒我们整个禅宗的运动基本上是由南而北的。查看禅宗自定义的系谱，几位有来历可以查考的领袖都来自长江以南，而且均出身卑微。

禅宗所提倡的信仰，有一部分是北方正统佛教所无法容忍的，所以必须在相对蛮荒的南方才能找到创造性的空间，容许新鲜想法发展。而且禅宗和士人保持距离，和庶民大众相对较为亲近。禅宗之所以在近世社会取得那么大的势力，是因为它将佛教从一个精英社会流行的信仰普及变化为大众的信仰。

不是说以前的佛寺里没有大众，而是一般认定大众只能信仰，不能思考、理解和修行。大众信仰的方式是烧香叩拜、念经祈祷，却无法明白佛祖所说和佛经里所记载的道理。然而有了不识字的领袖的禅宗，却主张每个人都能思考、都能领悟。禅宗最大的特色，就是《六祖坛经》中慧能对弘忍所主张的“佛性本无南北”，是一种彻底的“佛性之前人人平等”的观念。

05

不立文字的禅宗

《六祖坛经·决疑品》中说："自性迷即是众生，自性觉即是佛。慈悲即是观音，喜舍名为势至，能净即释迦，平直即弥陀。"这一整段话的关键词是"即"，就是要强调"只是"、"只不过"，也就是将差异降到最小。只要做一个正常不扭曲的人，就已经是"弥陀"。只要心灵不沾染脏污，而且能够帮助别人将心灵的脏污除干净，就是"释迦"。是佛和不是佛之间的差别，也不过就是觉悟和没觉悟而已。

过去在佛教教理上与组织上凸显的层级区分，所有这些看起来很深奥的名称，在禅宗里都被打破，重点集中在自身的觉悟上，只要自身觉悟，就不再需要什么出身、社会条件、修行功夫，也不需要做多少善事、经历多少轮回才能达到。

《六祖坛经·般若品》中说："善知识，不悟即佛是众生。一念悟时，众生是佛。故知万法尽在自心，何不从自心中，顿见真如本性。《菩萨戒经》云：我本元自性清净，若识自心见性，皆成佛道。《净名经》云：实时豁然，还得本心。”如果没有内在的醒悟，那就仍然停留在“众生”的等级，无法突破成佛。万般佛法皆在“自心”，所以应该往内悟见本性。而且这种悟，是“实时豁然”，不是累积得来的。

《六祖坛经·般若品》中又说：“迷心外见，修行觅佛，未悟自性，即是小根。若开悟顿教，不执外修，但于自心常起正见，烦恼尘劳，常不能染，即是见性。”向外追求，仰仗修行，却不能向内悟得自性，那是不稳固的根基，站不好很容易就被吹倒摇倒了。如果能顿时开悟，也就是经历“信仰的飞跃”，感觉自己突然变成了另外一个人，那就根本不需要外在的修行，从心上下功夫，不要让世俗烦恼沾染，维持常态，那就是“见性”。

因而追求解脱成佛是自己的事，可以借由自身的力量完成。“万法尽在自心”，也就不需要那么多工具，佛经、禅定、戒律、佛寺都是工具，没那么重要。不要将工具错认为目的，看成和佛性同等重要，人人皆有佛性，所以佛性就在你自己心里。

禅宗的一项重大革命，就在于改变了看待佛经的态度，将佛经从“圣书”，即了解佛祖神圣教义的唯一依据，降等为通向觉悟的工具之一，而且还不是最重要的工具。禅宗“不立文字”，不止表示这个团体不会刻意留下文字记录，更表示他们不重视文字在传教与成佛上的作用。

印度佛教从汉末六朝进入中国，那时候中国文化的基本价值观早已确立，其中最核心的一项就是对于文字、文书、文献的重视与信任。运用表音文字的西方文化，认为文字是语言的不完整记录，所以语言是原始的、真实的，文字则是衍生的不完美的载体。所以语言比文字重要，只因为语言的实时性，无法存留下来，我们只好依靠文字来尽量还原原始的语言。中国文化却是相反的，文字是神圣的、永恒的，保留了原初时代的真理，语言相对只是暂时的，而且存在时间短暂，文字的地位远高于语言，尤其是和思想、信仰相关时，当然要取得文字上的依据。

佛教产生的吸引力之一，就在于拥有用文字写成的庞大佛典。中国接触佛教后便大量翻译佛经，后来还掀起了“求经热”，很自然地将阅读佛经视为最重要的成佛渠道。到慧能的时代，中国翻译佛经已经有了四百年左右的累积，就必然产生了两个鲜明的现象。第一是佛经数量汗牛充栋，逐渐令人望而生畏，成了信佛学佛的障碍，而且阅读佛经也成了专门的知识追求，和信仰的关系愈来愈疏离。第二是在这个过程中，佛经自然阻止了许多不识字的人信佛成佛。虽然有念经、讲经的做法，但在佛门中，能识字读佛经的比不识字的地位高得多，也才被认为是真正懂得佛教的人。

如果继续坚持读佛经为成佛的唯一途径，那么不只是众多不识字的被排除在外，就连一些识字的人看到佛经卷帙浩繁的规模，也都会打退堂鼓！这样佛经不再是弘传佛法的助力，反而成了阻力。可以这样说，译经四百年的历史累积，到这时在等候一个像慧能这样的人，代表众多庶民提出打倒佛经权威的主张，以便扫除信佛的障碍，重新扩大佛教的群众基础。

06

禅宗的世俗化

《六祖坛经·般若品》说："善知识，一切修多罗及诸文字、大小二乘、十二部经，皆因人置。因智慧性，方能建立。若无世人，一切万法本自不有。故知万法本自人兴，一切经书，因人说有。"与佛教相关的经籍都是手段，重点在引导人信佛，不同佛经为不同人设置。世人是根本，经书所载的内容是为了让人能获得智慧，所以经书因人而有，获得智慧的方式也就因人而异，不一定要通过经书，不识字的人当然就不靠经书，也不会因为读不懂经书就不能觉悟。佛经不只是工具，而且还是为部分人而设，只适用于部分人的工具，哪有那么了不起！

《六祖坛经·付嘱品》中说："汝等谛听。后代迷人，若识众生，即是佛性。若不识众生，万劫觅佛难逢。吾今教汝识自心众生，见自心佛性。欲求见佛，但识众生。只为众生迷佛，非是佛迷众生。”到哪里去求知佛性呢？就是通过对于众生的了解。舍弃众生，到众生以外去寻找，就算经过了万劫那么长、近乎永恒的时间，也别想遇到佛。从你自己心里认识众生，因为你和众生共享佛性，所以也就能看见自己心里的佛性了。

这就更进一步主张，如果不重视周遭的人，那么花再久的时间，经历千劫百难，都遇不到佛，因为走错了路。进而言之，也就是不到佛经里求佛，也不必到佛寺里求佛，而是到一般世间、市井、社会中去求。将原本佛法超越人事也在人性之上的地位，认为摆脱人事与人性才有佛法的态度，都给逆转了过来，而要到人事、人性中去求佛法。

钱穆先生将六祖以下禅宗的转变比拟为西方马丁·路德的新教改革，的确，慧能提出这样的主张，找到了接受和支持这种主张的受众，将这种主张宣扬出去后，使得之后的佛教大不相同。原先佛教中最重要的四件事，从禅宗六祖之后通通不一样了。

第一是“成佛”。在新禅宗里，成佛不难，成佛的修行没那么重要。从众生到成佛，是每一秒钟都可能发生的。前一瞬间你仍然“自性迷”，那就是“众生”；下一瞬间你“自性觉”了，立即成佛。成佛不再依靠修行，原本的“禅”就是修行，现在这个禅宗却告诉你修行的终极就是没有修行。

第二是“求往生”。佛教承诺信众得脱苦恼到西天极乐世界，也就是“净土宗”的“净土”。极乐世界当然不是现实世界，因此佛教和看待生死有着密切关系。六祖还是说“净土”，却不再区分

“西天”和“东土”。“随其心净，及佛土净”，就算活在“东土”，只要心净就能得到解脱，那些已经去了西天的人，如果心不净，也还是解脱不了！佛土不再是原来描述、许诺的那样一块远在西方的领域，而是由你的自我、自体、自性来决定的，于是连追求极乐往生的信仰也被禅宗改造了。

第三是“求法”。“万法”本来有双重含义，既指众多道理，也指佛经中所容纳的内容。所以佛经内容等同于道理的总和，而且道理是极其众多、复杂的。可是新禅宗却主张不是人人都需要佛经，“求法”要往内心中求，不是到文字书籍里求，而且“求法”非但不是求其复杂，而是求其直接、简易，真正的“法”一定是瞬间就能领悟的。

第四是“出家”。慧能不识字，当然不可能将阅读佛经视为必要；同样，他在接了弘忍的衣钵之后，辗转流离，有十五年的时间没有出家，但并没有因此失去他的智慧与资格，那么在他之后，“出家”也不再被视为佛教信仰中的必要因素了。

07

破除陈规的教义

之所以会出现禅宗的宗教改革，其中一项因素是四百年译经事业所造成的本末倒置现象。“经”本来是让人了解佛祖及佛祖教义的手段，到这时候“经”本身成了目的，从而产生了对于“经”的权威性的质疑，进而有了推翻经书权威的强烈动机。不识字的慧能最适合代表这样的反叛态度：既然读佛经是为了使我们的心和佛祖所开悟的道理合而为一，那就表示最终的“本”毕竟是你的心，而不是知识。

这项改革和马丁·路德启动的新教改革有相呼应之处。宗教的势力成长到一定程度，宗教组织就僭越了原本的宗教目的，于是就会有人想要越过这个组织，尤其是组织所制定的种种规范，回归宗教的原初意义。禅宗基本上也是这样的一种改革力量。在唐代社会，“出家”成了流行现象，佛寺大盛，能识字读佛经的和尚垄断了对于佛教的诠释，同时也就垄断了解脱权，取得了极大的影响力，好像出了家、进了佛寺就求得了佛法，就见到了佛。

禅宗是佛教发展到这个阶段的一股批判力量，一种回归纯粹、回归宗教初心与根本教义的主张，也就是一种“破”的运动。所以禅宗的重点不在于正面地表述和解释佛法，而是利用各种方式来破除对于佛法的错误看法，这是禅宗最大的特色，也是最大的价值。

其中对后来影响很大的一种方式是“机锋”，即通过带有高度戏剧性、一般人无法预期的对话来凸显平常概念的谬误。举个比较简单的例子，《景德传灯录》中说丹霞和尚到惠林寺，因为天气冷，他就将人家庙里的佛像拿去烧了。人家当然骂他，他就说：“我是为了要烧佛身体里的舍利子。”人家就说：“木头怎么可能烧得出舍利子来！”丹霞也就冷冷地回应：“那你骂我干什么？”

你自己都承认那是木头，就表示我烧的是木头，天冷烧木头有什么不对吗？你骂我干吗？更重要的，你明明知道那是木头，那为什么又煞有介事地假装那是佛呢？佛有可能藏在木头里吗？拜佛又怎么能得到佛法？

又有人问赵州禅师：“如何是佛祖西来意？”禅师说：“庭前柏树子。”明显答非所问。还有人问：“如何是佛？”洞山禅师回答：“麻三斤。”为什么答非所问？或许我们可以从其他“机锋”中寻得线索。

赵州禅师留下另一个“机锋”：有人刚入山，到他的庙里来，就请教说初来乍到该怎么做？禅师问他："吃粥了没？"那人说吃了。禅师就说："洗钵盂。"吃过粥就将盛粥的碗洗干净。突然之间，那个人就觉悟了。原来佛法修行不外就是本分，或者就是回归事物自然的道理，饿了就吃粥，吃完粥就该洗钵盂，如果一切都能如此看透想透，那就是佛法了。

所以关于"佛祖西来意"、"佛"的问题，其答案就在"柏树子"、"麻三斤"里，不过就是当时看到什么指什么，可以是桌子，可以是电灯，也可以是窗户、路边的树或两只麻雀。自心自体如实认识这些事物，就是佛意，就是佛法。

08

打倒权威的宗旨

马祖禅师解释佛法旨趣是“汝放身命处”，去想去选择，要将你的身你的命放在什么地方最好最安稳，那就是佛法所指引的。慧超出家之前去见法眼法师，问：“如何是佛？”法眼的回答是：“你是慧超。”意思是干吗问“佛”呢？重点在认识自己，好好认识了自己，从内心安顿了自己，那就是“佛”。如果不和自己关联，那求佛没有意义。

还有语不惊人死不休的德山禅师，《指月录》中记录：

诸子，老汉此间无一法与你诸人作解会。自己亦不会禅，老汉亦不是善知识。百无所解，只是屙矢放尿，乞食乞衣，更有甚么事！德山老汉劝你，不如本分去，早休歇去，莫学颠狂。每人担个死尸，浩浩地去。到处向老秃奴口里，爱他涕唾吃。便道我是入三界，修蕴积行，长养圣胎，愿成佛果。如斯等辈，德山老汉见之，似毒箭入心。……乃至达磨小碧眼胡僧到此来，也只是教你无事去。教你莫造作。着衣吃饭，屙矢送尿，更无生死可怖，亦无涅槃可得，无菩提可证。只是寻常一个无事人。

他一副耍赖的模样，说自己什么都不会，就只是大小便。不用来想学什么，就只要“本分去”，刻意要培养什么、造就什么，立志追求佛法，那是“毒箭入心”，失了本分，反而害了内心。那些人以为达摩洋和尚大老远来一定有什么了不起的道理，其实也不过就是“无事去”，照常穿衣、吃饭、大小便，这样就没有什么生死恐惧，也不用追求什么涅槃，证什么菩提，没有任何不寻常的。

他还出言不逊骂人，说想求法的都是神经病，自己没有想法没有生活，跟像他这样的一个“老秃奴”要口水吃，想象这老师有多厉害多了不起。

更进一步还有云门和尚的故事。云门读佛经，读到上面描述释迦牟尼佛出生时，“一手指天，一手指地，周行七步，目顾四方，云‘天上天下，唯我独尊’。”他就说：“我如果当时在场，就一棒子打死，丢去喂狗！”

这种态度一来指佛法只是平常，这种不同寻常和佛法恰恰相反，怎么可能是真的？所以用最激烈的语言来表明这个态度，生下来就能走路说话，而且说出自大狂妄的话，那不是妖孽是什么？怎么可能是佛？这样的人不是“无事人”，是最大的造作，还要自我标榜“唯我独尊”，绝对不是佛，一点价值都没有，只配拿去喂狗。

二来说明，别以为佛经就是神圣的，就必然是真理，只能毕恭毕敬地全盘接受，佛经上说得没道理就是没道理。连佛经都可以质疑，都可以用这种激烈方式否定，是禅宗的典型立场。

这里存在着根本的吊诡，要追求真正的佛法佛心，就不要去拜佛，不再将佛视为偶像。拜佛求佛反而无法真正在心中见佛，所以非得将那种向外索求的佛的形象摧毁不可，所以要“呵佛”。信崇权威告诉你的答案，把别人的答案当作自己的答案，去信从这些人，同样也偏离了佛法，所以还要“骂祖”，打倒之前所有的权威。在打倒范围内的包括禅师自身，他们不能讲一般正面的话，被信徒拿去当真理来崇拜，因而必须选择负面、否定的表达形式。

德山禅师明白列出了不能做的事，排在第一的就是“拱手作禅师，觅个出头处”。不要当老师，尤其是不要靠当老师出头。那样你就一定会想出一些花言巧语来迷惑人，迫使他们信从，尊敬你为“长老”，如此失去本分，跟自己都不能交代，怎么可能让别人觉悟呢？德山禅师用这种激烈的言辞，为的是将自己的禅师身份都消解掉。

09

棒喝调教的疯狂

禅宗教法中最具戏剧性的不在语言内容，而在行为动作，也就是“棒喝”。“棒”是真的拿棒子打，“喝”是大声叫，不过还有关键的一项，是突然棒打、突然大叫，来制造惊吓的效果。

禅宗有一种“参”的学习方式，指的是修行到一定程度，故意隐去名号混迹到别的禅师那里去，参考观察别人教什么、如何教。临济禅师去“参”黄檗禅师，一待就待了三年，一句话都没说过。三年后，他第一次开口问黄檗：“如何是佛法？”结果黄檗不说话就打。过一阵子，临济又问：“如何是佛法？”得到的仍然不是回答，而是打。

到第三次同样问同样被打，临济就离开去找大愚法师，说：“过了那么久，我还是不知道什么是佛法。”大愚问他都在哪里学过什么，临济就将在黄蘗那里的事说了，特别表示实在不知道自己为什么被打。大愚就说：“黄蘗还真啰唆，也真有耐心，你这家伙被打了三次竟然还在想自己怎么错了。”听到这里，临济懂了，就说：“啊，原来佛法也没什么嘛！”大愚就捉住临济的衣领说：“刚刚才说自己不懂不会，现在又说佛法也没什么，是多少就是多少！”临济就在大愚的肋骨下打了一拳，大愚放掉他，又说：“你的老师是黄蘗，不干我的事。”临济就又回去找黄蘗。

这是“棒”的教法，后来临济更喜欢用“喝”。“棒喝”是夸张地阻断用习惯方式思考的手段。求佛就问什么是佛法，以为那是一种知识，以为可以靠知道佛法的定义来学佛、求佛，这是大错，所以要被“棒”、被“喝”。

五台山秘魔岩和尚随时带着一根木叉，遇到别的和尚来礼拜，人家一拜，他就拿木叉顶住人家的脖子，然后说：“哪个魔道坏蛋叫你出家的？哪个魔道坏蛋叫你出外行脚的？说了也死，不说也死，快说！”祇林和尚则是准备一根木剑，自称要用木剑降魔，遇到有和尚来参礼，就大叫：“魔来了！魔来了！”然后一边乱挥木剑进到方丈里去。为什么要这样吓唬人？用首山念和尚的说法，是要鼓励人有自信，去找别人求道就是错的，你只能跟自己学佛，用自己的力量求佛。

钱穆先生说，这样的禅宗风格内在有一种“疯狂的喜剧性”，这成了禅宗宗教改革的奇特核心精神。唐末到北宋初，是禅宗以疯狂喜剧性精神推动宗教改革的黄金年代。不过这种主要以否定性、破坏性力量推行的改革，不可能持久。

日久形成的第一个影响，是“佛”和“非佛”无从分辨。不需要出家，甚至变成不该出家，出家了也不知道要做什么。投身激烈改革运动的人，通常身上都具有巨大的能量，然而改革后的这套教理却告诉他们什么事都不要做，不能刻意去做什么事。这是决然的反差与矛盾，于是使得他们诉诸疯疯癫癫的行为，如果不打人不骂人，不表现张狂，那还能做别的什么吗？

第二个影响是催生了许多造作欺骗行为。否定、打倒既容易又有趣，加上发展了疯狂的戏剧性，于是又增添了强烈的表演性质。原先被“棒”被“喝”的人真的会惊讶，真的会困惑，然而久之“棒喝”变成固定教法，也就失去了惊讶效果。被“棒”被“喝”的人早知道要被“棒”被“喝”，于是双方的互动就成了套路式的表演。因而这条路没办法一直走下去。

10

禅宗向理学思想的转变

为禅宗开拓新路做出巨大贡献的是宗杲大师，他上承六祖开创的传统，继而提出了“烦恼即佛性”或“烦恼即是佛”的观念。

佛法就是世间法，活在世间，父子关系就是天性，如果儿子死了父亲既不烦恼也不想念，父亲死了儿子既不烦恼也不想念，那也就算了，如果非要使想哭的时候不敢哭，要想的时候不敢想，那就是逆天理、灭天性了。用这种方式求道，就是“扬声止响”“泼油救火”的矛盾做法。所以要重视“烦恼”，不要一味地压抑烦恼、忽略烦恼，人会烦恼必然有自身内在的理由，不能把“烦恼”推出去，用外面的力量来处理烦恼。

原始佛教教人取得智慧、解脱烦恼，宗杲却主张“烦恼就是佛”。这就使得禅宗进一步世间化，不只不用出家，而且俗世里的烦恼还很重要，应该认真用佛理的态度正面对待。为了父子关系而烦恼是天性，那么生命中许多原本要依靠佛法排除的，就都借由天性的理由而回来了。

这时的佛教，离印度原始佛教思想很远了。宗杲还明确讨论了“士大夫学道”和“出家人学道”的差异。佛教本位立场应该强调“出家人学道”比较好吧？但宗杲却反过来强调：离开污泥莲花就长不出来，所以出家人学道的层次比较低。“出家人”是“在外打入”，“士大夫”是“在内打出”，而后者的力道比前者强。出家人在干净环境里没有什么障碍阻力，所以弱；士大夫在人世间随时受到挑战，非得有大力量才能超越、扭转。

依照宗杲的理论，出家求道其实比较省事，同样是求道，留在世间的士大夫成就反而比出家人高。这就表明不仅不需出家就能求道，反而不出家所求之道更高深。

至此，禅宗又走过了一段奇特的辩证历程。从不识字的六祖开始变革，要世人屏除太过知识性、思考性的外在内容，直接应对内在佛性，然而一路演化，到宗杲竟然又变成和士大夫、文人相接近的态度。到这里，佛教禅宗和士大夫圈中形成的儒家理学，已经没有决然的区别了。

虽然理学摆出了“排佛”的姿态，然而从思想史的角度看，理学不止和禅宗关系密切，甚至就是禅宗的进一步发展。理学中人建立自己的系谱，上溯到唐代的韩愈，尤其看中韩愈的“复古”“原道”“辟佛”等立场。这使得后世很容易产生儒佛对立的印象，于是在谈理学时就顺势强调他们攻击、批评佛教的意见。

然而如果回到史料上，认真理解韩愈所反对的佛教，和宋代与理学并存的佛教内容，我们会得到很不一样的结论。

从唐朝到宋朝，禅宗夺取了佛教的主流地位，这个过程中已经将佛教大幅本土化和世俗化了。韩愈反对佛教的第一理由就因为佛教是外来的，为什么崇奉这来历不明的神呢？可是到了宋代，禅宗已经根本不信那个神了，把神拉了下来。韩愈强烈抨击佛教“无君无父”违背中国传统伦常，可是到了宋代，禅宗也讲父子天性了，还反对出家，要求在家依随烦恼而求佛法。

宗杲甚至明白地推崇“士大夫求道”，等于彻底推翻了过去佛教和中国士人传统之间的冲突，公然向文人招手。这时候，韩愈那套“辟佛”说法已经完全不管用了，所以才需要有新的“理学”来应对禅宗在思想上的步步进逼。要对抗这套新的佛学，理学必须有新的本事，到哪里去发掘新的力量呢？向敌人学习，吸收佛教、禅宗种种吸引人的观念，再进行“儒学转化”，才能建立起对抗的基础。理学就是这样从佛学、禅宗里脱化出来的。

11

理学对禅宗思想的继承

朱熹在《中庸章句序》里说佛教“弥近理而大乱真”，为什么那么讨厌“禅”，正因为“禅”和理学太接近，所以会造成更大的混淆。理学之所以产生“程朱、陆王”之争，相当程度上就是从和“禅”的距离及关系而来的。“程朱”强调“性即理”，反对“陆王”的“心即理”，关键就在陆象山的说法太像禅宗的“自体佛性论”，认为万法皆在自我之中，只要找回本心就好了。

因而“禅”也就成了理学内部纷争的武器。要反对陆象山，最有效的说法就是说他是“禅”而不是“理”。而一旦用这种方式将论敌说成是“禅”，内部矛盾变成了敌我矛盾，双方也就很难和解了。

正因为和禅宗有那么密切的思想关系，所以愈加必须澄清自己的思想来历和禅宗无关。这就是为什么理学内部要重整儒家经典，先是抬高《周易系辞》的地位，进而将《礼记》中的《大学》《中庸》两篇拉出来，排在《论语》《孟子》之前，形成过去没有的“四书”架构。

这就是为了表明，他们所主张的不是“禅”，也不是受“禅”影响而来的，是儒家原本就有的。为了划清界限，理学拼命将“禅”向外推，模糊了一项重要的历史事实：禅宗的佛教性质不如其中国社会的性质更鲜明。禅宗不是从佛教信仰中必然派生出来的，里面有太多和原始佛教格格不入的成分，毋宁是来自根深蒂固的中国社会的集体价值。

禅宗建立了“顿教”，强调既不必出家，也不需长年苦修，信佛求佛变得简单了，这是一大吸引力。禅宗“不立文字”，将传教的基础从文字转移到语言、行为，这样使得不识字的大众也都可以接触佛教思想，这是另一大吸引力。不过禅宗沾染了浓厚的中国社会性质，后来再一转，转出仍然由文字记录的“公案”，而且这些“公案”累积的篇章书籍分量不比佛经少。

更麻烦的是禅宗求破不求立，要人去除种种框架执念后“自见佛性”，那然后呢？然后就做一个了悟的“无事人”。这很简单，却也很没成就感，相对地如果依赖观念与思考，反而文人才有能力实践、享受，也能和“文人文化”的追求结合在一起。禅宗提供了像之前所说的“文人画”美学精神的一份支撑与一套解释，在这里产生了和文人之间的另一种密切联结。

中国禅宗传到日本之后，得到了充分“美学化”的发展。了悟之后的“无事人”，和了悟之前的人到底有什么差异？他们更真切地生活，在生活中体会出过去体会不到的“真滋味”。同样喝一碗汤，现在他喝出了多种滋味，喝出了细腻的差别。即便是最简单的味噌，盐的分量不同，腌制的时间与环境不一样，甚至腌制人的心情用意不一样，这种了悟的人都能从汤里品尝出来。

同样喝茶，就能喝到茶的细微处；同样看风景，就能看出自然不同的秩序与意义。从这里发展出日本的“茶道”，有了日本的庭园，产生了日本人独特的生活态度与生活中低调却持续的美学讲究。

第十讲

理学——生命意义的追寻

01

什么是真正的学问？

我不是那么佩服钱锺书先生，最主要的理由是他的轻佻态度。我可以欣赏小说《围城》中轻佻所产生的趣味，但如果将轻佻态度放在对待知识上，那就完全是另外一回事了。

他的长处是我们今天称之为“学霸式”的表现。在任何一段文字中他都要显现自己读过多少书，又记得多少，从《左传》的一句话，联系到英国浪漫主义时期的一句诗，再探索这句诗中的典故，牵涉到哪本罗马古籍中引用的哪出希腊悲剧。

我们不得不叹服他的博闻强记，但这种方式对我来说有两个严重的问题：第一，刻意联系众多书籍内容，就无法用心读好任何一本书，弄清楚那本书到底在讲什么。这也是今天主流的“学霸式”读书法产生的糟糕效果，书读得愈多，反而愈失去了认真读好一本书的能力。读书随时都在找联系，而且别人愈不容易想到的愈好，就愈能显现自己“学霸”的本事。然而真要读进去一本书，需要认识书的作者，了解他著书的目的，体会他安排篇章架构的用意，感受他所处时代特殊的文字风格，这些都不是忙着牵连英国浪漫主义或希腊罗马名著时可以照顾得过来的。

现在经常能够看到一种流行的意见，如果有人写书没有旁征博引，没有炫耀自己为了写这篇文章或这本书读了多少书，就理所当然地评论其为“浅”。其实真正“浅”的，是这种炫耀学问的“学霸”方式，很简单，这样学到的东西和自己的生命没有关联，读得再多学得再多，不会改变你是一个什么样的人，不会影响你如何做生命上的决定。所学都是为了让别人知道，也就是中国传统上所称的“为人之学”，而不是“为己之学”。

更进一步说，即使是“为人”之学，用这种方式得到的效果也是“浅”的。当年我上大学之前，就知道台湾大学哲学系有一位名师方东美先生，心向往之，等我考上台大，方先生已经退休了，深以为憾。然而后来我遇到历史系的刘景辉老师，他从大学部到当研究生，跟方东美先生上过好几年课。刘老师描述方东美上课的模样，总是一个大包装了满满的书，手上还抱着一些，一本本用不同文字写成的书放在讲桌上，但上课时却很少去翻那些辛苦带来的书，一开讲就滔滔不绝，从庄子讲到伊壁鸠鲁学派，讲到梵文佛经字句，讲到宋明理学，再讲到康德的知识论，再到伏尔泰的理性观念……听得学生目眩神移，太有学问了！

不过刘景辉老师的冷静自省，给我留下了难以忘怀的冲击。

刘老师说，跟方老师上课几年下来，有一天自问，到底学到了什么？竟彷徨犹豫说不上来。发现自己庄子也不懂，伊壁鸠鲁学派也不懂，梵文当然更不懂，康德和伏尔泰也都没了解过。因为方老师从未停留在任何一位哲学家、一种哲学思想上，扎扎实实跟学生解释清楚，永远都在比较，从这里跳到那里。刘老师说他因此流了一身冷汗，觉得如果自己当老师，千万不能当这样的老师。

记得那么多不同东西，而且全都记得很正确，这不是学问，至少不是深刻的学问。学问要有观点，要有主张。既然是观点、主张，也就有人同意有人反对，让读者或学生起码学到他可以不同意，可以找到理由去不同意。这是我的立场。

02

钱穆的读书历程

两位钱先生，钱穆和钱锺书，知识态度天差地别。钱穆不断提出观点和主张，发掘新的角度去看中国历史，不是援引外来的理论套在中国历史上，而是回到既存的文献资料上，借由认真仔细的比对阅读，找出过去被忽略的，或纠正过去被误读的。钱穆一直守着旧材料，却从来没停止过，也没有害怕过提出新看法。

钱穆曾经在1952年写过一本小书，书名是《宋明理学概述》。从篇幅上看，这本书其实并不小，但从写作心态上，却是钱穆随手写的，而不是认真的研究成果。那一年，他从香港来到台湾，住在台北桂林路的一间小房子里，手上没几本书，写作时基本上只靠记忆、笔记和《宋元学案》《明儒学案》两本书。

钱穆在这本书的序言中回忆在无锡入小学时，顾子重老师教国文。一天黄昏薄暮，顾先生将学童们召来，取酒微酌，摸摸当年十二岁的小钱穆的头，说："你这个小孩文章写得好，有浩畅的文气，将来可以学韩文公。"又对其他小孩说："将来你们都比不上他。"

大家听得出来这是老师对钱穆极大的称赞，不过有个难处，谁是韩文公啊？老师解释，韩文公是唐朝人，"文起八代之衰，为唐宋八大家鼻祖"。再过两年，钱穆十四岁进中学，开始读韩愈的文章，旁及柳宗元和欧阳修的作品，主要来自姚鼐《古文辞类纂》和曾国藩《经史百家杂钞》中的选文。

民国元年（1912），他实岁十七，因为家里穷无法继续念书，就去当小学老师，当时的眼光狭窄得可怜，以为天下的学问没有超过姚鼐、曾国藩那两本书的。学校里有另一个老师叫秦仲立，将近五十岁，也喜欢姚鼐、曾国藩的书，就因此和钱穆成了忘年之交。有一天，秦仲立问这位"小友"，知不知道他的一位同乡浦二田编了一本《古文眉诠》，里面也收了很多文章。同样都是治古文的，同样都编古文文选，为什么大家都只读姚鼐、曾国藩编的，没人理会浦二田呢？

钱穆反问秦仲立，那你觉得怎么样呢？秦仲立表示自己真的不了解，所以才问。这真是个有度量而且求学若渴的人，竟然愿意真诚地问一个比他小了三十岁，年纪上整整小了一辈的人。

人家这样真诚地问，钱穆没有答案，于是就开始注意并思考，文章到底是如何分类，又是用什么标准选出来的。但这可没那么容易得到答案。如果你没有读过一位作家的全集，要如何判断选集中为什么选这篇没选那篇，又如何判断选文的标准是什么，选文的眼光好不好。于是这刺激了年轻的钱穆，他先从韩愈的全集读起，再到柳宗元、欧阳修、王安石，基本上都阅读了全集。

读王安石的《临川集》时，里面有一卷又一卷的议论文章，钱穆读了很喜欢，回头一查对，却发现自己喜欢的文章，姚鼐和曾国藩都没选。于是领悟到，他们两个人不足以代表至高的学术境界。

然后他又从“唐宋八大家”旁及朱熹、王阳明，开始还是当文章来读，逐渐地就离开文章笔法的判断，进入了他们的思想。到这里就开始读《近思录》《传习录》，这可就不是文章了，不是按照文章要领写成的，而是“语录”，是用很浅白而且相对零乱散漫的方式讲思想的。

从这两本书再读到《宋元学案》和《明儒学案》，到这里，他暂时停止了唐代以下著作的阅读，转而去读先秦的五经和诸子百家。这就是他的学术方法和经历。

03

宋明儒家的“生命之学”

这样读书让钱穆意识到不管是宋明的语录还是清代的考据，姚鼐、曾国藩他们这种古文家都不欣赏，甚至抱持鄙视态度，然而他自己却“久乃深好之”，愈读愈喜爱。回顾自己读书的历程，他认为几十年来在困穷不良的环境中，若还有什么进展，那最主要就是在对于宋明儒家的认识上。钱穆先生在《宋明理学概述》序中说：

虽居乡僻，未尝敢一日废学。虽经乱离困阨，未尝敢一日颓其志。虽或名利当前，未尝敢动其心。虽或毁誉横生，未尝敢馁其气。虽学不足以自成立，未尝或忘先儒之榘矱，时切其向慕。虽垂老无以自靖献，未尝不于国家民族世道人心，自任以匹夫之有其责。虽数十年光阴浪掷，已如白驹之过隙，而幼年童真，犹往来于我心，知天良之未泯，自问薄有一得，莫匪宋明儒之所赐。

在动荡战乱的时代，能够成为一个大学问家，钱穆认为最关键的就在于自己深入学习了宋明理学，那不只是他的学术根基，更重要的，也是他的生命准则。他这个人之所成为他，一辈子遇到最重要的，就是宋明儒的思想。

钱穆自述经验最重要的转折，在于原本是要学文章的，因为小学老师的称赞鼓励，认为他能写文章，也就是从阅读中培养、磨炼写作技巧，来把自己的文章写好。然而读到朱熹、王阳明之后，这个态度彻底改变了，他逐渐知道这不是“文章之学”，而是“生命之学”。他转而开始学这种“生命之学”，才有了后来一切的看法、主张与成就。

这也就是我前面提到的“为人之学”和“为己之学”的差异。学文章是外在的，和你是什么样的人，要做什么样的人无关。学理学却直接改变你的人，改变你看待自己以及过生活做决定的方式。

人们对于宋明理学经常产生两极化的反应，讨厌理学的人很多，而且都是极度讨厌。另外一边人数比例较小，但肯定的也都极度肯定。这里其实牵涉到看待宋明理学的角度。有人将理学当知识，但也有人像钱穆这样，将理学视为生命实践的道理，而不是外在的一套学问。

理学中人文章写得很糟，道理讲得很啰唆，在引用古人意见时常常有“硬伤”，不仅不精确，而且往往充满臆测。但从另一个角度看，宋明理学是对于如何安放个人生命一种真切的探索。

对于钱穆的话，我感触很深。在台湾念中学时，有一份特别的语文辅助教本叫《中国文化基本教材》，内容其实就是《四书》的选段。这些内容必须背诵，因为考试要默写，因而是我非常厌恶，几乎是最厌恶的课本。然而到了高中二、三年级，在没有人强迫的情况下，我自己读了《传习录》《近思录》，回头再准备考试背《中国文化基本教材》，就变得没那么痛苦了，甚至还产生了深厚的兴趣。

从语录中我看到了朱熹、王阳明诚恳的一面，确切感受到这些人讲这些道理不单纯要人家接受、追随，更重要的是要你去思考。于是理学家们相对直白的口语表达方式，影响了我如何看待孔子、孟子。

04

追寻自由的理学精神

年轻时读理学，尤其吸引我的，是他们认真探讨什么是最高的自由，并且获得了特别的答案。年纪大一点，读到美国汉学家狄百瑞（William de Bary）的一本小书，标题叫《中国自由主义的传统》。从书名我就明白狄百瑞要讨论的是什么，他很博学，也很有想法，不过要在中国传统思想尤其是儒家思想脉络下谈“自由”，毕竟有些内容是狄百瑞不容易理解与掌握的，也就是不在西方“自由主义”的思考模式中。

宋明理学继承孔孟精神要讲的“自由”是什么？宋代周敦颐教程灏、程颐兄弟时，给他们一份功课，要他们“寻仲尼颜子乐处所乐何事”。去翻书查书，看孔子、颜回为何而乐？在什么状况下他们会感到快乐？他们在高兴什么？

《论语》里孔子、颜回的乐，总是和个人自由有关，当我们感觉自己是自由的，就会有真正的快乐。快乐牵涉到可以不依赖别人。宋明理学探讨什么是终极的、根本的自由，既完全与他人无关，也是他们绝对无法干预、无法取消的。

他们得到的答案，就是《论语·述而篇》中孔子说的："我欲仁，斯仁至矣。"意思是你主观上决定要做个好人，要努力学习让自己变好，总是作对的、好的判断，这个念头、这项决定纯粹是你的自由。这只牵涉到你自己个人的意志，与你的身份、处境、条件通通无关。任何人在任何状况下，都可以做这样的决定。这样的决定你能实践多少，让自己变得多好，能做多少好事，要受到诸多外在因素影响，然而不管你实践了多少，变好多少，做多少好事，都无碍于你做这样的决定，也无法取消你做这样决定的自由。别人的意志，集体的规范，再怎么强大的权威，即使能够管制、扭曲你的行为，却无论如何不能管到你要做个好人的主观决定。

不到二十岁时，我读到这样的论理，深受感动，从而明白宋明理学是一门教人如何自由、如何过得自在心安的学问。也差不多就在这个时候，有一天我去理发，一边理发一边摊开当天的台湾《中国时报·人间副刊》来看，上面刊载了讨论教育的企划专题，邀请建中和北一女[1]的学生来座谈，座谈记录中就有建中学生想当然地批评孔子的教育理念和思想。这么多年后，我仍然清楚记得

[1] 建中和北一女分别指台北市立建国高级中学和台北市立第一女子高级中学，是台湾最好的两所高中学校。

当时既愤怒又心急的感受。愤怒的是我这些不长进的学弟，不自己去读书弄明白，却拾人牙慧说些人云亦云的看法，也气他们用这么轻蔑的态度厚诬古人；心急是因为头发理了一半，不能离开，必须等师傅把我的头剃好。

好不容易离开了理发店，一回到家我就奋笔疾书写了一篇文章，投寄到《人间副刊》。文章的重点是：孔子不是不能批评，但批评有批评的责任和原则。什么状况下不能批评、不该批评？第一是如果你从来不曾下过功夫去理解这个人和他的思想主张，那就不能批评、不该批评。第二是你下过功夫却发现这个人的终极关怀，他最根本的生命目的，和你自己的态度、信念相去太远，那也不该批评、不能批评。

这不是为了卫护孔子，而是要弄清楚自己的立场。到现在，我依然遵守这样的立场原则来理解理学，也就是以他们的历史情境为前提，去体会他们为何、如何建立这套学问。

05

“华夷差异”和“教理之争”

五代之前的中国是门第社会，进入宋代之后，转型为松散的平面社会结构。五代之前，中国经济是以庄园、大农户为主的，实际耕种生产的是佃农，进入宋代后变成了小农经济，生产者与土地拥有者身份重叠的比例很高。五代之前，北方的影响力高于南方，宋代之后，南方兴起，取北方而代之。

这是近世史的特色，钱穆在《国史大纲》中虽然没有用“近世”的名称，却运用了大致同样的断代分期概念。不过他特别强调，社会、经济、南北差异都显现五代到宋代的巨大变化，然而学术史上却有不同的分期标准。

他所提出的看法是，学术思想上“三国”时期具有特殊意义。“三国”之前，是“王官学”和“诸子学”之争。“三国”之后，重点变成了“教理之争”，也就是信仰与领悟之间的差异。

谢灵运曾经笼统地解释“华夷差异”，认为中国人比较容易受教化，愿意被道理说服，有问题时也倾向于从道理上去寻找答案，相对没那么容易接受信仰。而夷人，也就是那个时代从西域来的人，刚好相反，容易接受信仰，用信仰来解决困惑。道理是累积的、思辨的，而信仰是即时的、直觉的。信仰是从外部给予的，道理则是自己内心领悟的。

另外，“三国”之前，不管是王官学还是诸子学，其学术主体都在思考集体与社会问题。儒家在春秋时提出了对于个人安身立命的一些重要看法，不过其主流毕竟是要从修身扩展到齐家、平天下。道家的庄子有最开阔的个人与自然关系的想象，然而到汉代，道家的主流并不是庄子，而是教导人如何进退、统治者如何掌握和运用权力的老子。

“三国”之前，中国学术有很好的发展，然而到了汉代，却在个人存在问题上相对没有积极的探索。汉末大乱，战争、逃难、饥饿、贫穷不断，生活充满了不确定性，人们不仅受到身体上的种种折磨，而且格外感到心灵的空虚。就是在这种状况下，佛教在中国有了愈来愈大的影响力。

佛教的最不同之处，就在着眼于个人对自我生命的理解认知，让人可以得到心情的安定。王官学和诸子学都是集体的知识、学问，从此之后展开的“教理之争”，则是个人的知识、学问，关切的是人如何活得安稳。

“教”和“理”也就是个人能够活得安稳的两种不同方式。一种是由别人借由某种权威告知你真理，于是你相信这份真理，依随这份真理而不再困惑、不再痛苦浮荡。另一种则是借由自己的知识与推理，寻得一套道理，被这套道理说服，受这套道理指引来摆脱惶惑不安。

以“三国”断代，也就意味着中国学术思想在中古时期开启了“个人存在思考”的新潮流、新阶段。

06

宋代理学要解决的问题

“存在思考”或“存在主义”是来自西方的名词与概念，西方“存在主义”和之前的其他哲学思想流派最大的不同就在于对待人的问题的态度。过去的西方哲学将人当作 question，寻求 answer；“存在主义”则将人视为 problem，要寻求的是 solution。前者是要知道关于人的真理，但“存在主义”却质疑这些真理有助于我如何活着、如何在日常生活中做决定吗？有了答案不等于得到解决的办法。

套用这个分别，我们可以说，“三国”之前的中国学问，主要是处理 question，正因为专注于处理 question，只给予相应的答案，所以忽略了提供解决的办法。“三国”之后的学问方向，转为将人视为必须解决的问题，并且努力提出解决的办法。

谢灵运所说的“华夷之别”指出面对存在解决这件事，中国文化有一种“智识主义”倾向，偏好以思考、推论来进行，用“悟”的方式来解决。因而佛教进入中国，先是和老庄、《周易》的思想结合在一起，暂时排除了佛教强烈的宗教性，而以思辨的面貌在中国呈现。

魏晋南北朝时，就连佛教内部，“理”都高于“教”，所以产生了庞大的译经事业，最热衷于译经的玄奘到了天竺后，所选择投身的宗派，也是智识思考性质最强的“法相宗”（唯识宗）。

从这个角度看，“三国”是一个关键转折点，“五代”仍然是另一个关键转折点。那就是在“理教之争”的格局里，“五代”之前基本上是“理教并存”，但“五代”之后，就变成了“理胜于教”。

禅宗表面上是“教”，但在精神上摈弃了所有的宗教仪式。禅宗同时进行了两面革命，一面是上一章解释过的扬弃经典的革命，还有一面是扬弃所有宗教形式的革命。连出家诵经都不要了，还有什么仪式能躲过禅宗的批判攻击呢？摆脱仪式，当然是远离“教”，就是摆脱经典，理由也是经典是外在记录的真理，不是自己领悟出来的，所以没那么重要。

读再多的佛经，还是不知道自己到底是谁，无法自己决定该如何过日子，那有什么用？禅宗扭转了佛经与我们生活之间的关系，如果佛经不能进入我们的生活，那么佛经也是虚幻的。

宗教有很多仪式，“出家”是最大的佛教仪式，表示进入一个可以寄托生命、解决生活问题的特殊空间。但禅宗都不要这些，过去佛教的仪式禁忌，到这时都被禅宗打破了。禅宗认为如果世俗种种还会牵绊你，以至于你必须出家来逃离，那就表示你没有真正“悟”，这样出家了也没有用，解决不了你的存在问题。

禅宗发展到后来，不出家却逃俗。逃俗是一种领悟，是“理”，然而悟了之后，表面上却“无事”，改变一个人的态度，却不改变他的生活。这就是禅宗提出的存在上的解决之道。

出现在宋代的理学，不是单纯的知识，而是要从儒家的观念中去寻找新的存在解决的努力。其目的不在于累积知识，而是要安顿存在。理学之兴起，受到禅宗的高度刺激，同时也是为了解决禅宗留下来的大问题。悟了之后要如何？不改变生活，那么如何分辨悟之前的混沌和悟之后的“无事”？

07

理学的基本信念

回想自己当年原本那么厌恶背《论语》《孟子》，却在接触宋明理学后改变了，为什么？其中一个原因是那时候喜欢读一些别的同学不会看、觉得看不懂的书。例如看了殷海光先生关于“逻辑实证论”的文章，尤其对文章中罗列出来的种种逻辑谬误印象深刻，特别是“诉诸权威的谬误”。

我们发现身边充满了“诉诸权威的谬误”，其中老师是一个权威，要我们不管老师说什么都必须接受、服从；另一个很容易辨识的权威就是孔子、孟子，不管他们说什么都要当作真理背下来。

而宋明理学一开始就知道，光是告诉你谁说了什么，像佛经中那样宣示“如是我闻”，就要你深信不疑，是无法解决你生命问题的，也就不是真正的权威。为了让儒家思想能观照人的现实生命，宋明理学致力于为长久留传的道理找到相对客观的基础。

首先要找到道理的“宇宙论”基础，那就是周敦颐《太极图说》所发挥的作用。然后再到张载、程颢、程颐，陆续重建服膺儒家思想的根本理由。杜维明先生用英文来解释，即强调人作为“Co-Creator”的特殊地位，也就是凸显“参天地化育”的意义。

“Co-Creator”的观念是由和西方基督教信仰对照而来的。基督神学的开端一定要分清楚上帝和人的绝对差异，上帝是造物者（Creator），而人属于受造之物（Creature）。但理学却是以人具备天地共同创造者的身份为前提的。宇宙万物有共同的起源，在那里蕴藏着一切道理、法则，人和世界上所有事物都是这套道理所衍生出来的，也就必然依循、服膺这套道理。不过更重要的是，我们不只是从这套道理中化育产生，也是唯一能够理解这套道理的，所以能够依照这套道理来管辖万物、建立文明。也就是道理并不因为是孔子、孟子说的就是对的，而来自更本源的一个终极权威，从那里一直贯彻到我们的人性。

之所以称为“理学”，因为“理”是中心。程颢说：“吾学虽有所受，‘天理’二字却是自家体贴出来的。”“天理”就是万事万物的道理总和，物有物的道理，事有事的道理。一张桌子要能立着，一个杯子要能盛水，要有其道理。走哪个方向能到哪里去，走多长时间抵达目的地，也要有其道理。这个世界找不到没道理的东西、没道理的事物，你能看到、能知觉、能掌握的，只要这世界上存在，背后必有一理。

而称为“天理”，指的是不只杯子有杯子的道理、桌子有桌子的道理、做老师有做老师的道理，而且这些道理有一个统纳之处。事物各有其理，但个别的理必然有彼此呼应、关联之处。

理学的两大基本信念，一是没有事物是没道理的，二是事物的道理都是相关的。由此出发，去讨论如何更好、更有效地安顿人的生命。

“天理”的概念在中国社会有很深的影响，一直到最世俗的阶层。到今天我们都还说“这没有天理”，或者说“这还有天理吗”。欠人钱不还，还要动手打人，“这还有天理吗？”说这句话就意味着我们相信每一件事背后有一个是非善恶的标准，每一件事有其理所当然之处。

程颢特别强调“自家体贴出”，首先表明这不是他发明的一项学问。“天理”之存在，“天理”之遍在，也不是《易传》或孔子说的，而是本来就在那里，可以靠自身的努力去捕捉、领会。别人说的是一回事，自己“体贴出”是另外一回事。

理学的核心疑问是人活在世界上，最重要的是什么？就是要去认识这个“理”，并且去体会这个“理”，再将自己安放在这个“理”上。发现“理”、体会“理”，向内就知道如何做个人，向外就知道如何做个杯子，也知道该如何对待别人。那么你就不会困惑，也就能安心自在了。

08

陆九渊的理学思想

这个核心疑问对所有理学家来说基本一致，然而在到底该如何认识“理”这件事上，产生了严重的分歧，后来形成“程朱”“陆王”两大派别。这两派怎么分呢？回到生命的学问层面上来看，就不难理解。

“陆王”的“陆”指陆九渊，他的理论根源来自《孟子·告子上》：“此天之所与我者，先立乎其大者，则小者不能夺也。”要认识“理”，须抓住根本，别把时间耗在枝节上。“理”的根本在哪里？他又引用《孟子·告子上》来说明：“理义之悦吾心，犹刍豢之悦我口。”理义让我感到心情愉悦，就像好吃的东西让我的嘴巴愉悦一样。也就是一吃就明白好不好吃，不用别人教你，那么同样什么是道理的对错，其实我们也可以通过本能知道。

《孟子·公孙丑上》说人和禽兽最大的差别在于有“四心”，即恻隐之心、羞恶之心、辞让之心、是非之心。所以这“四心”是人的本能，即人内在拥有的，本能自然会引导我们做决定。《孟子·告子上》另一段名言说：“鱼，我所欲也；熊掌，亦我所欲也。二者不可得兼，舍鱼而取熊掌者也。生，亦我所欲也；义，亦我所欲也。二者不可得兼，舍生而取义者也。”如果必须要做明知不应当的事才能活着，那么宁可不活，这样的选择就像只能在鱼和熊掌之间选一个，一定会选择比较珍贵又比较好吃的熊掌。你本能地知道熊掌比较好吃，也就本能地知道“义”比“生”重要。

从孟子的著作里，陆九渊认定道理不可能难以理解。一个人本来就具备所有的理，你所需要的，不过就是自我复原被外界欲望蒙蔽了的这些内在本能，诚实面对自己最真实的感觉。将干预、阻扰内心的自私、欲望、利益排除掉，就会发现“义”就在那里，“理”也在那里。

如何解释陆九渊所主张的认识“理”的方法？坦白说，最好的方式是借用禅宗的语言——“直指本心”，回到“本心”上，就能找到答案，答案早就在里面了。所以陆九渊的理论一言以蔽之，就是“心即理”，“理”本来就在心中。如此说“理”，非常明白，指的是“是非之理”、“事上之理”，如何判断对错并选择自己的行为。当然并不表示你天生就知道如何做一张桌子，知道如何生火烧出杯子来，但你具备有一定的判断，知道立不稳的桌子一定不对劲，知道会漏水的杯子一定没烧好，这不需要别人教，在“心”中就有了。

《宋元学案》中有一段记录，是陆九渊的学生詹阜民的故事。他从学陆九渊，天天听老师说“先立其大者”，于是在楼上不断努力追索“大”到底在哪里。有一天，突然从身体里涌出一份格外的快乐，觉得一切事物都清澈通透。他从楼上走下来，老师陆九渊一看到，马上就说：“你领悟了。”

这个故事一方面表明，陆九渊的教法是真有成效的；另一方面也凸显内心变化会直接反映在外表，光看安定的神情就能知道这个人在心中寻着了“理”，亦即其“大”者。

可是这个故事却在罗整庵的《困知记》中被拿来批判，理由是：“盖惟禅家有此机轴，试观孔曾思孟之相授受，曾有一言似此否乎？”罗整庵认为这种态度是“禅”，而不是儒家。这像极了公案中老和尚启悟小和尚的方式，却绝对不是孔子、曾子、子思、孟子的教法。

“心即理”高度依赖直觉，认识“理”的方式是跳跃的，突然就通彻透明了。人就被划分为两种，一种是没有觉悟的，一种是已经觉悟的。理学在这两方面都和禅宗极度类似，让另外一派无法认同。

09

朱熹和陆九渊的分歧

从宋代的“程朱”到明代的罗整庵，他们和陆九渊这派最大的冲突在于和禅宗的关系，就是要区分儒学与佛教的差异。对他们来说，“心即理”太主观了，从目的到方法都没有客观标准。你怎么知道在楼上静坐苦思就是找到“理”的有效方法？更重要的是，你怎么知道自己内心体会的是真正的“理”？

理学的关键用意就在和禅宗争夺帮助人安顿身心的权力，与禅宗有明确的竞争关系，陆九渊思想和禅宗如此类似，却没有开宗立派，要如何才能赢呢？还有另一项关切，之所以从周敦颐讲“太极”、张载讲“天地”起，刻意建立起儒家的“宇宙论”，就是看到原本孔孟之教中缺乏了这一块，在这方面比佛教差太多了，他们需要让人家知道孔孟道理的来源。在这点上，他们针对禅宗讲

“心”的个别性、主观性，特别朝向建立客观性着力，所以他们强调“性即理”。

《朱子语类》中有一段朱熹的话：

> 故上蔡云：“佛氏所谓性，正圣人所谓心；佛氏所谓心，正圣人所谓意。”心只是该得这理。佛氏元不曾识得这理一节，便认知觉运动做性。如视听言貌，圣人则视有视之理，听有听之理，言有言之理，动有动之理，思有思之理，如箕子所谓“明、聪、从、恭、睿”是也。佛氏则只认那能视、能听、能言、能思、能动底，便是性。视明也得，不明也得；听聪也得，不聪也得；言从也得，不从也得；思睿也得，不睿也得，它都不管，横来竖来，它都认做性。它最怕人说这“理”字，都要除掉了，此正告子“生之谓性”之说也。

他引用谢良佐的话，区分佛教说的“性”，是理学中的“心”；而佛教说的“心”，却是理学中的“意”。佛教将知觉运动当作“性”，也就是人天生的视觉、听觉、语言、行动和思考等感官能力。但是在理学的定义中，这只是“心”，而不是“性”，因为“性”还要牵涉到正邪是非选择，也就是牵涉到“理”。

“心”是官能，“性”却包含了官能的道理，尤其是鉴别判断官能讯息的标准。不是所有听到的声音都是正确的，听觉还有敏锐和不敏锐的区分，不能将所有的听觉感官都当成一样的。思想有好的有坏的，人有聪明的有愚蠢的，背后必然有一个分辨好坏、聪明愚蠢的“理”。

对朱熹来说，理学强调凸显这个“理”，佛教却忽略甚至回避这个“理”，这是最大的区别所在。陆九渊认为只要保持“心”干净、清明，对于外界的知觉没有被障蔽、扭曲，那就是“理”，程朱不同意。在他们看来，这样就和佛教所主张的没有两样了。“理”是让我们分辨感受是否正确，更重要能分辨感受好坏善恶的标准，那就不可能存在于感官中，而是在更根本的“性”中。

陆九渊认为，“心”清静了，自己是诚实的，不自我欺骗，也没有被既定的观念误导，回归直觉的心安或不心安、快乐或不快乐，一定清楚明白。程朱则认为，天地万物有其一贯之“理”，既然是一贯、共通的，那么也就必然存在于人的本性之中，不过所谓“本性”，是感官受外界刺激之前的静寂状态，一旦有了刺激，产生感受，就不再是“本性”了。所以“理”不可能存在于统理感官的“心”，而在于“心”也就是处于感官发动之前的某种本体中。

所以要认识“理”，不能在已经受到感官刺激的“心”上求，而要去除感受，再往前接触到“性”。这就需要有功夫，有时甚至需要去探究外在事物、现象，借由理解事物、现象之“理”，回推自己身上具备的同样一套“理”。

10

理学与佛教的差异

“心即理”和“性即理”的区别，又牵涉到功夫。陆九渊的功夫是完全向内的，其分别是有或无，领悟或没有领悟，中间没有过渡地带，这又很接近禅宗的“顿教”。程朱则主张将“心”打扫干净只是起点，然后要以干净、清明的感官去认识世界，客观地研究世界的共通之“理”，再回归到自身内在的“性”，然后还要将此“理”通过知识与行动付诸实践，也就是改变自己的道德判断、生活方式。

朱熹有一段话，以“坐”来解释理学与佛教的差异。他说佛家讲“坐”，怎么坐都是坐，可以平腿坐，可以交腿坐，也可以盘腿坐，也可以弯着或直着身体坐。然而理学讲“坐”，就要寻出“坐”的道理。看“坐”这个字就明白了，那是一个人盘腿并撑直上半身的形象，所以这样才是“坐”。

“坐”有“坐”的道理，不是所有的坐姿都是平等的。佛教看到的只是“实然”，将“实然”当作全部，但理学不能不追究“应然”，到底怎样才是对的，或怎样才是最好的，“理”不是“实然”的规律，而是“应然”的规范。

道家讲“自然”，万物自有其不受人影响、也不随人改变的规律。理学却要“格物穷理”，也就是研究万物不只搜集“实然”，还要找出背后的“应然”。不只是鸟如何飞，还要探究为什么有些动物会飞，有些不会，这道理是什么？正确的飞是如何飞，比较好的飞和比较差的飞是如何评判区分的？

要认知这样的“理”，就牵涉到我们如何安放自己的生命。程朱理学的说法叫“居敬涵养”，必须以安静、严肃、认真的态度来对待这个世界，不能马虎开玩笑，这是“居敬”。以“居敬”态度探究世界的过程中，我们就累积了对“理”的认识，同时反过来让我们更容易安定平静。

“涵养”也就意味着要累积，不可能突然实现，像陆九渊认定的那样上楼时还懵懵懂懂，下楼时就突然“悟”了。累积过程中最重要的是“集义”，也就是持续思考，选择做对的事，做应该做的事。知识必须联系到行为，知觉了“理”，就依照“理”来行事。“集义”久了，才能养成习惯，又是一种“涵养”，你才能不必每次都要研究思想，才能获得愈来愈准确的行为判断力。

这样的看法，又和陆九渊理论中将“理”当作理解的对象不同。光是强调理解领悟还不够，还需要实践在行为上，更进一步形成理解和行为的循环加强，理解帮助决定行为，正确行为累积为习惯，又回头加强理解。

“居敬”要“有事”，也就是要有目的，“敬”或“静”只是一种手段，本身不是目的，让人以“敬”或“静”来认识、体会“理”，终究还是要动起来，回到生活上实践。“有事”当然也隐约批判了禅宗的“无事”。

11

从“五经”到“四书”的转变

人和“理”之间存在着“穷理”的功夫。“理”有很多方面和层次，所以必须不断地去认识和总结。不过也就在这点上，程朱的理论后来受到王阳明强烈的质疑与批判。如果万物皆有其理，“理”那么多、那么复杂，那要如何综合呢？我们怎么可能穷尽一切事物的“理”，等到研究遍万事万物才得到综合的“理”？

王阳明在龙场时，认真地从研究竹子之理开始进行这种累积的“格物穷理”，然而连竹子之理都还没研究透彻就先病倒了。他恍然意识到这一定不对，不可能如此一样一样事物地研究去找到那统合的、根本的“理”，知道很多事物和知道统合的“理”是两回事。所以他转而在陆九渊“先立其大者”的方法论中找到了答案，并展开了精彩的推演，从而形成了“陆王”一派。

对于王阳明的质疑，程朱派的基本立场是“理一分疏”，道理是一贯的、一整套的，会以不同方式展现在不同事物上。所以研究不同事物所认识的“理”是相通的，累积久了可以“一旦豁然贯通”。

从“格物”“穷理”的讨论中我们才能理解，为什么到了宋代之后，儒学最重要的经典从“五经”变成了“四书”。“五经”和“四书”最大的差异在于，前者是知识、学问，后者是安顿心灵与道德生活的指引。将《大学》《中庸》《论语》《孟子》放在一起，每本书的性质就被改变了，从而凸显了提供存在答案的功能。

也可以说，从“五经”到“四书”体现了儒学学问从集体的知识向个人的转化，而且从记诵的内容转化为解决生命问题的助力。配上《大学》，因为《大学》从头到尾讲次第，清楚地指引了“涵养”的累积顺序，也就是保证累积功夫有效、可以不断开展的权威。配上《中庸》，因为《中庸》讲“天命之谓性”，从“性”和自然、上天的根本关系讲起，是整合“道德宇宙论”的权威。

对于为什么标举出“四书”，经常看到的解释是为了让读书人有个起步之处，因为经典太多了，不知从何读起。这个解释不能说错，“四书”的确有这样的作用，但忽略了更深刻的用心，那是为了应对儒学知识不断外化产生的矛盾落差。原本来自生命反省的智慧，却变成了考试的题材，以至于和真实的人生断裂开来，也因此使得想要得到生活指引的人，只好去佛家那里找答案。“四书”是要提倡不同的读书方式，为提高自身修养、为解决生命困惑而读书，在这个态度上和之前读“五经”的目的区别开来。

当然更大的矛盾和反讽出现在明代，“四书”加上朱熹的注释，又成了考试的题材。最僵化的“八股文”几乎都是从“四书”中出题目的，于是朱熹这些理学家组构“四书”的深刻用心又被湮没了，走到了相反的一面，也即他们原先反对的那种纯粹知识性的阅读态度上，理学的精神也就被误解甚至被遗忘了。

12

宋代理学的致命缺陷

朱熹强调“格物”，借由研究万物来探索“理”，不过这套论理有一个致命伤，那就是没有也无法建构更明确的逻辑来将万物各有之理和自然共通之理联系起来。他们运用的思考方式通常很含糊，以模拟为主。今天我们有西方科学发展为对照，“后见之明”地了解了，这里最主要缺少的就是“归纳法”。“归纳法”一方面整合观察与实验，由重复个案中找出规律来，另一方面将许多规律整合为系统。

少了“归纳法”，针对众多事物进行“格物”所得到的个别零散知识无从组合，无法“致知”，产生他们所主张的普遍、贯通之“理”，单纯主张从直觉上累积到一定程度便能“豁然贯通”，毕竟要遭遇许多困难。

北宋理学在形成以“理”为核心的知识系统之前，其实是先强调并重建了“老师”的角色。这是从韩愈《师说》联系下来的，主张恢复远古时老师的理想。老师不能只是“授业”，还要“传道”和“解惑”。重新定义老师，连带也改变了学问的性质。老师不该只教外在的学问，因为还有比外在学问更有价值的需要老师教。老师应该是生命的指导，也就意味着和生命指导有关的学问，比原先那种记诵之学要更有价值。

在这之前，当人遇到生命上的困惑时，他能去哪里？只能去佛寺吧！或者是在禅宗发展之后，禅师将解决的答案提供给佛寺以外的世俗环境中。在这个过程中儒学明显失去了具体的关联性，也就失去了对大多数人的吸引力。因而儒家的复兴要从老师开始，要凸显韩愈说的“传道”与“解惑”。老师要能“传道”与“解惑”，那么他所认识的“道”就必须要能和生命的困惑发生密切的关联，也必须拓展出种种新知识、新信仰。

早期理学家的学问几乎都是在和学生互动中形成的，之后在程颢、程颐兄弟身上开始系统化、理论化，也就出现了“专业的理学家”，他们是老师的老师，提供老师如何“传道”“解惑”的系统知识、系统训练。

而也就在系统化的过程中，出现了不同说法所衍生出的派别。然后朱熹靠着他的强大心智力量，对之前的理学知识进行了大整合，一度成为集大成者，似乎统一了理学的江山。但是，大一统一定不利于新想法、新变化的产生，所以理学一度似乎走到了尽头。不意就在朱熹影响力达到最高峰时，有了无法被他并入集大成系统的陆九渊思想，进入明朝之后，这一系又借由王阳明成为显学，开拓出明代理学的另一片风景来。